Telepathie für Anfänger

Versuche, Anleitungen, Beispiele und Modelle

Bücher von Harry Eilenstein

Astrologie

- Astrologie (496 S.)
- Photo-Astrologie (428 S.)
- Die astrologischen Aspekte (88 S.)
- Horoskop und Seele (120 S.)

Magie

- Handbuch für Zauberlehrlinge (408 S.)
- Telepathie für Anfänger (S.)
- Tarot (104 S.)
- Physik und Magie (184 S.)
- Die Magie-Formel (156 S.)
- Krafttiere – Tiergöttinnen – Tiertänze (112 S.)
- Schwitzhütten (524 S.)

Meditation

- Der Lebenskraftkörper (230 S.)
- Die Chakren (100 S.)
- Das Chakren-System mit den Nebenchakren (296 S.)
- Meditation (140 S.)
- Drachenfeuer (124 S.)
- Reinkarnation (156 S.)

Kabbala

- Kursus der praktischen Kabbala (150 S.)
- Eltern der Erde (450 S.)
- Blüten des Lebensbaumes:
    - Die Struktur des kabbalistischen Lebensbaumes (370 S.)
    - Der kabbalistische Lebensbaum als Forschungshilfsmittel (580 S.)
    - Der kabbalistische Lebensbaum als spirituelle Landkarte (520 S.)

Religion allgemein

- Muttergöttin und Schamanen (168 S.)
- Göbekli Tepe (472 S.)
- Totempfähle (440 S.)
- Christus (60 S.)
- Dakini (80 S.)

- Vajra (76 S.)

Ägypten

- Hathor und Re 1: Götter und Mythen im Alten Ägypten (432 S.)
- Hathor und Re 2: Die altägyptische Religion – Ursprünge, Kult und Magie (396 S.)
- Isis (508 S.)

Indogermanen

- Die Entwicklung der indogermanischen Religionen (700 S.)
- Wurzeln und Zweige der indogermanischen Religion (224 S.)

Germanen

- Die Götter der Germanen (87 Bände)
- Odin (300 S.)

Kelten

- Cernunnos (690 S.)
- Der Kessel von Gundestrup (220 S.)
- Der Chiemsee-Kessel (76)

Psychologie

- Über die Freude (100 S.)
- Das Geheimnis des inneren Friedens (252 S.)
- Das Beziehungsmandala (52 S.)
- Gefühle und ihre Verwandlungen (404 S.)
- einsgerichtet (140 S.)
- Liebe und Eigenständigkeit (216 S.)
- Von innerer Fülle zu äußerem Gedeihen (52 S.)
- Die Symbolik der Krankheiten (76 S.)

Kunst

- Herz des Tanzes – Tanz des Herzens (160 S.)

Drama

- König Athelstan (104 S.)

Kontakt: www.HarryEilenstein.de / Harry.Eilenstein@web.de

Herstellung und Verlag: Books on Demand GmbH, Norderstedt   **ISBN:** 9783748191957

Inhaltsverzeichnis

1. Merkmale der Telepathie

1. a) Telepathie im Alltag

Wer hat das nicht schon einmal erlebt – man geht durch die Stadt und hat plötzlich ein komisches Gefühl und dreht sich um und sieht, daß von hinten ein Bekannter angeeilt kommt, der einen gerade erkannt hat. Man hat etwas gespürt und darauf reagiert ohne genau zu wissen, was eigentlich los ist.

Bis vor 10.000 Jahren, also vor der Entwicklung von Ackerbau und Viehzucht in der frühen Jungsteinzeit, ist dieses „komische Gefühl" eine lebensnotwendige Fähigkeit gewesen: Wenn hinter ein paar Sträuchern ein hungriger Tiger lauerte, war es ausgesprochen hilfreich, wenn man dessen hungrigen Blick spüren konnte …

Telepathie ist in so gut wie allen religiösen, mythologischen, spirituellen, esoterischen und magischen Weltbildern ein wesentliches Element – auch wenn es nicht immer als „Telepathie" bezeichnet wird.

Diese weite Verbreitung ist nicht verwunderlich, denn Telepathie ist letztlich eine „innere Verbindung" zweier Wesen – und in der Religion und in der Magie geht es letztlich die ganze Zeit um derartige „innere Verbindungen".

Sogar das Wort „Religion" bedeutet „Rück-Verbindung", also „Rückhalt bei den Göttern". Das kann man, wenn man möchte, auch als „telepathische Verbindung zu den Göttern" deuten – wobei „Telepathie" in diesem Zusammenhang schon sehr weit gefaßt wäre. Aber Religion ist im Wesentlichen schon die unsichtbare, nicht-physikalische Verbindung der Menschen zu ihren Ahnen, zu den Göttern oder zu Gott.

Telepathie scheint ein wichtiges Thema zu sein ...

1. b) Beispiele aus Religion und Magie

Im Neuen Testament findet sich in Matthäus 17, 24-27 ein Beispiel für fortgeschrittene Telepathie:

> *Als sie nun nach Kapernaum kamen, traten zu Petrus diejenigen, die den Tempelgroschen („Kirchensteuer") einnahmen, und sprachen: „Zahlt euer*

Meister nicht den Tempelgroschen?"

Er sprach: „Ja."

Und als er in das Haus kam, kam ihm Jesus zuvor (Jesus hat telepathisch erkannt, was Petrus erlebt hat.) *und sprach: „Was meinst Du, Simon? Von wem nehmen die Könige auf Erden Zoll oder Steuern: von ihren Kindern oder von den Fremden?"*

Da sprach zu ihm Petrus: „Von den Fremden."

Jesus sprach zu ihm: „So sind die Kinder frei. Damit wir ihnen aber keinen Anstoß geben, geh hin an das Meer und wirf die Angel aus, und den ersten Fisch, der heraufkommt, den nimm; und wenn Du sein Maul aufmachst, wirst Du ein Zweigroschenstück finden; das nimm und gib's ihnen für mich und Dich." (Jesus hat diese Umstände in der Zukunft telepathisch erkannt.)

Im Alten Testament sind vor allem Elias und sein Schüler Elisa für ihre magischen Fähigkeiten bekannt. So heißt es im 2. Buch der Könige 6, 27-32 über Elisa:

Als der König die Worte der Frau hörte, zerriß er seine Kleider, während er auf der Mauer ging. Da sah alles Volk, daß er darunter den Sack auf seinem Leib trug.

Und er sprach: „Gott tue mir dies und das, wenn Elisa, der Sohn Schafats, heute seinen Kopf behält!" (Todesurteil für Elisa)

Elisa aber saß in seinem Hause, und die Ältesten saßen bei ihm. Und der König sandte einen Mann vor sich her.

Aber ehe der Bote zu ihm kam, sprach Elisa zu den Ältesten: „Habt ihr gesehen, wie er (der König) *diesen Mörder hergesandt hat, daß er mir das Haupt abschlage?"*

Im tibetischen Buddhismus wird ebenfalls recht häufig über Telepathie berichtet – insbesondere im Zusammenhang mit Meditationen über verstorbene Yogis, aber auch in Alltags-Ereignissen.

So hat der tibetische Yogi Milarepa nach einer Auseinandersetzung mit dem Mönch Dharlo diesem schließlich gesagt, daß Dharlo einer Frau zwei Ketten aus dem Klosterbesitz geschenkt hat, damit sie seine Geliebte wird – das hat Milarepa telepathisch wahrgenommen.

Der Mönch Lotön hat Milarepa am nächsten Tag geprüft, indem er bei sich in seiner Kammer ein Ritual falsch ausgeführt hat – woraufhin ihn Milarepa am nächsten Tag mit den Worten begrüßte, daß Lotön solchen Unfug in Zukunft unterlassen solle.

Man kann auch abseits der „großen Religionen" die Telepathie finden – z.B. bei dem Schamanen und Kriegshäuptling Geronimo aus dem Stamm der Apachen:

Geronimo hat als Schamane auch die Astralreise erlernt und sie ausgiebig genutzt, um regelmäßig per Astralreise die Lager der Kavallerie aufzusuchen, um auszuspionieren, was sie als nächstes geplant hatten. Auf diese Weise konnte er 35 Jahre lang der militärisch weit überlegenen Kavallerie Widerstand leisten.

Auch in der germanischen Tradition finden sich Berichte über Telepathie – z.B. im „Landnahme-Buch", in dem über die Besiedlung Islands berichtet wird:

Heid die Zaubergesang-Frau (Seherin) *sagte ihnen allen voraus, daß sie in einem Land im Westen des Meeres* (Island), *das noch nicht entdeckt worden war, siedeln würden, aber Ingimund sagte, daß er sich davor hüten werde. Die Zaubergesang-Frau sagte jedoch, daß das ihm das nicht möglich sei und daß als Zeichen dafür nun sein Talisman, den er in seiner Tasche trug, verschwinden würde und daß er ihn dort wiederfinden würde, wo er auf jenem Land für das Fundament für die Säule hinter seinem Hochsitz graben würde.*

... ...

Ingimund fühlte sich nirgendwo zuhause; daher drängte ihn König Harald, sein Glück in Island zu suchen. Ingimund sagte, daß das das sei, was er nie vorgehabt habe, aber er sandte zwei Finnen als Hamfarir (Gestaltwandler) *auf eine Magier-Reise* (Astralreise) *nach Island, um dort nach seinem Talisman zu suchen, der in der Gestalt des Freyr geformt und aus Silber angefertigt worden war.*

Die Finnen kamen zurück und sagten, daß sie den Ort gefunden hatten, an dem sich der Talisman befand, daß sie ihn jedoch nicht ergreifen konnten.

Sie beschrieben jedoch dem Ingimund genau die Lage des Ortes in einem Tal zwischen zwei Hügeln und sie berichteten Ingimund alle Einzelheiten des Landes und wie es geformt war, wo er sich niederlassen sollte.

Danach brach Ingimund zu seiner Reise nach Island auf. Mit ihm fuhren sein Schwager Jorund Nacken und seine Freunde Eyvindr Sorkvir und Asmund und Hvyti sowie seine Knechte Fridmund, Bodvar, Thorir, Refskegg und Ulfkell.

Sie kamen im südlichen Teil Islands an Land und blieben den ganzen Winter über zusammen mit Grim, dem Ziehbruder des Ingimund, in Hvanneyri, aber im Frühling zogen sie über die Heide nach Norden.

Dann kamen sie zu einem Meeresarm, an dem sie zwei Widder fanden und nannten ihn Widderbucht. Von dort aus wanderten sie weiter durch das Land nach Norden und gaben allen Orten, zu denen sie kamen, passende Namen.

Er blieb einen Winter lang in Vidi-Tal in Ingimunds-Wald. Von dort aus sahen sie schneefreie Berge im Süden und zogen nach Süden dorthin. Dort erkannte Ingimund das Aussehen des Landes, das der Seher als seinen zukünftigen Wohnort beschrieben hatte.

Thordis, seine Tochter, wurde in Thordis-Wald geboren.

Ingimund nahm das ganze Wasser-Tal von Helga-Wasser und Urdar-Wasser hinauf in Besitz und wohnte in Hof und fand dort seinen Talisman an der Stelle, an der er das Fundament für seinen Hochsitz-Pfosten aushob.

1. c)   Beispiele aus der eigenen Erfahrung

Ich füge hier auch einige eigene Erlebnisse bei, da ich sie am genauesten beschreiben kann – was für die Erforschung der Telepathie hilfreich ist.

Mit 20 Jahren habe ich Annette kennengelernt. Sie hat mir nach ein paar Tagen von einem Urlaub in Südfrankreich erzählt. Plötzlich habe ich die Landschaft, in der sie gewesen ist, vor mir gesehen und konnte weitererzählen, was sie erlebt hat. So etwas ist recht bald normal zwischen uns geworden.

Wir wußten auch immer ziemlich sicher, ob der andere zu Hause war oder wo er in der Stadt oder im Wald unterwegs war.

Als Annette mal bei mir zu Besuch war, meinte sie auf einmal nachdenklich, daß in meinem Zimmer allerlei Farben leuchten. Als ich sie gefragt habe, was sie gesehen hat, begann sie es mir sehr detailliert zu beschreiben.

Sie hat genau das gesehen, was ich jeden Tag in meinem Zimmer imaginiert habe. Ich bin damals von einem Magier als Zauberlehrling angenommen worden und habe daraufhin erst einmal gelernt, wie man einen Schutzkreis zieht. Dafür habe ich das „kleine Pentagramm-Ritual" und die „Übung der mittleren Säule" benutzt.

Annette hat mir den weißstrahlenden Kreis auf dem Boden, die vier flammenden Pentagramme an den vier Wänden, das goldene Hexagramm an der Decke, die vier Erzengel in den vier Richtungen und die aus fünf farbigen Kugeln bestehende Mittlere Säule in der Zimmermitte beschrieben.

Einige Monate später kam eine meiner Schwestern, die im Zimmer neben mir gewohnt hat, morgens zu mir und meinte, daß sie einen sehr komischen Traum gehabt hätte. Auf meine Frage hin hat sie mir dann erzählt, daß sie gesehen hat, wie ich in meinem Zimmer stand, Gesten gemacht habe, leise gesprochen habe und wie dabei ein buntes Bild in meinem Zimmer entstanden ist.

Auch sie hat mir das Pentagramm-Ritual und die Mittlere Säule mit vielen Details beschrieben.

Meine Großeltern haben mehrfach versucht, meine Mutter zu überraschen, indem sie unangekündigt von Hamburg zu uns nach Bonn zu Besuch gekommen sind. Das mit der Überraschung hat aber nie geklappt, weil meine Mutter das immer gespürt hat und deswegen mehr gekocht und einen Kuchen gebacken hat.

Mein Großvater (der Vater meiner Mutter) hatte einmal längere Zeit über Knieschmerzen gehabt und kein Arzt konnte ihm helfen. Da hat ihm eine Nachbarin geraten, zu einer Heilerin zu gehen, die ein paar Dörfer weiter wohnt. Als er die Tür bei der Heilerin öffnete, sah er, daß sie gerade ein Huhn am rupfen war. Da flogen die Federn des Huhnes alle zu meinem Großvater und hafteten an ihm fest.

Da meinte die Heilerin zu meinem Großvater, daß er offensichtlich deutlich größere Kräfte habe als sie und daß sie ihm deshalb leider nicht helfen könne ...

Auch meine Uroma (die Mutter meines Großvaters) hatte dieses Talent: Sie ist manchmal mit uns Kindern und unseren Großeltern und Eltern auf die Kirmes gegangen. Als ich einmal nur Nieten gezogen habe, meinte sie, daß das so nicht geht und daß sie mir jetzt ein Los kauft. Meine Eltern haben ihr zu erklären versucht, wie das mit den Losen funktioniert und daß da eben ganz viele Nieten dabei sind. Sie hat jedoch kurzerhand ein einzelnes Los gekauft und den Hauptgewinn gezogen.

Ein paar Jahre später hatte eine meiner Schwestern Pech mit den Losen und meine Uroma hat auch für sie mit einem einzelnen Los den Hauptgewinn gezogen.

Ich glaube, sie war bei den Kirmes-Leuten nicht sehr beliebt ...

Man sagt in Holstein, daß sich dieses Talent vom Vater auf die Tochter und von der Mutter auf den Sohn weitervererbt – zumindestens bei meiner Uroma, meinem Großvater, meiner Mutter und mir trifft das zu. Danach geht es allerdings zu meinem Sohn weiter – der ist allerdings auch nicht in Holstein geboren worden ...

Als ich mit 21 Jahren von einem Magier als Zauberlehrling angenommen worden bin, haben wir ziemlich wild herumexperimentiert. Da er einen Schäferhund hatte, haben wir uns gefragt, ob auch Hunde telepathisch wahrnehmen können. Also haben wir uns beide vor seiner Nase ein weißes Kaninchen vorgestellt.

Die Wirkung war durchaus interessant – Nachahmung empfohlen.

Mit ungefähr 24 Jahren bin ich bei einer Freundin gewesen, bei der ich Goldschmieden gelernt habe. Ich habe bei ihr ein Schmuckstück für meinen Freund

Jörg angefertigt. Als ich fertig gewesen bin, hatte ich das komische Gefühl, daß ich es ihm sofort zu seiner Wohnung in Bonn bringen sollte – obwohl wir uns erst für den nächsten Tag verabredet hatten. Also bin ich zu ihm gefahren – das ist ein extrem untypisches Verhalten für mich, da ich immer versuche, alle Verabredung möglichst präzise einzuhalten.

Als ich dann vor seiner Tür stand und er mir geöffnet hat, machte er erst große Augen und mußte dann ziemlich lachen – er hatte mich angerufen, aber nirgendwo erreicht und sich deshalb hingesetzt und mich innerlich zu sich gerufen, denn er brauchte das Schmuckstück dringend einen Tag früher.

Offenbar ist sein „Anruf" bei mir angekommen und ist auch so laut gewesen, daß er alle meine Bedenken wegen des verabredeten Termins übertönt hat …

Im Nachhinein war es amüsant zu sehen, wieviele Argumentationen ich mir unterwegs zurechtgelegt habe, um trotz meines Prinzips, mich möglichst genau an Abmachungen halten zu können, einen Tag früher zu Jörg fahren zu können.

Ich bin mal mit meinem Fahrrad zu Frater V.D. ins Siebengebirge gefahren (wo er damals wohnte), wo wir zu mehreren einige Experimente machen wollten. Dabei hatte sich eine Schraube an der Achse meines Fahrrads gelockert. Als ich ihn nach einem 12er-Schlüssel gefragt habe, meinte er, er sei gerade erst eingezogen und habe keine Ahnung, wo was liegt.

Da die Gruppe, die sich dort traf, kurz zuvor ihre Krafttiere kennengelernt hatte, habe ich innerlich meine Wölfin gefragt, wo hier ein 12er-Schlüssel liegt. Daraufhin hat sie mir eine Schublade unten in einem Schrank im Wohnzimmer gezeigt – dort habe ich dann auch den 12er-Schlüssel gefunden.

Als mein Sohn geboren wurde (er kam drei Monate zu früh) und ich ihm vorsichtig mit meinem Zeigefinger die Hand gereicht habe, hat er seine Augen geöffnet und innerlich ganz klar und deutlich gesagt: „Hallo, ich bin der David." Ich war völlig verblüfft, denn von so etwas hatte ich noch nie etwas gehört.

Wie ich mittlerweile erfahren habe, scheint es jedoch des öfteren vorzukommen, daß die Neugeborenen ihren Eltern ihren Namen sagen.

Danach hat David seine Augen erst noch mal ein paar Monate geschlossen gelassen – wie das bei Frühgeborenen üblich ist.

Ich habe anschließend eine Freundin angerufen, weil er mit Kaiserschnitt und viel Chaos auf die Welt gekommen war. Die Freundin hat wiederum Mary Bauermeister angerufen und sie um Hilfe für Mutter und Kind gebeten. Sie haben innerlich geschaut, wer da auf die Welt gekommen ist und ihm einen Namen gegeben, der zu seinem Charakter paßt, und ihm innerlich Schutz gesandt. Später haben sie mir den Charakter beschrieben, den sie gesehen haben – die Entwicklung hat gezeigt, daß sie ihn genau richtig eingeschätzt haben.

Meine frühere Frau hat eine Tochter ungefähr im sechsten Monat bei einer Fehlgeburt verloren. Einige Stunden später habe ich mich hingesetzt und bin innerlich zu unserer Tochter Miriam gegangen, um ihre Seele ins Jenseits zu begleiten. Ich habe ihre Seele sofort gesehen … aber ich brauchte sie nicht zu begleiten, denn sie kannte den Weg viel besser als ich – stattdessen hat sie mir einige Dinge gesagt und gezeigt.

Ich wollte ihr helfen und habe stattdessen ein Geschenk von ihr erhalten …

Als dann einige Jahre später meine Tochter geboren wurde, habe ich mich an ihre Seele gewandt und sie gefragt, wie sie in diesem Leben heißen möchte. Ich habe sie sofort gesehen und sie hat mir auch ihren Namen gesagt.

Als David so zwischen 6 und 10 Jahre alt gewesen ist, haben wir oft die verschiedensten Ratespiele gemacht. Irgendwann hat er bemerkt, daß ich die Antworten in seinem Kopf „lesen" kann. Das ergab dann eine neue Spielvariante: Er hat eine Frage gestellt und sich dann auf eine falsche Antwort konzentriert – so habe ich dann z.B. auf die Frage „Was ist die Hauptstadt von Australien?" mit „Sydney" geantwortet, obwohl ich doch genau weiß, daß das Canberra und nicht Sydney ist.

Diese Spielvariante hat ihm ausgesprochen großen Spaß gemacht.

Wenn mein Sohn und ich zusammen sind und ich etwas denke, was sich auf ihn bezieht, oder überlege, ob ich ihn etwas fragen oder ihm etwas vorschlagen soll, fragt er jedesmal bevor ich den Mund geöffnet habe, „Was hast Du gesagt?" Auf diese Frage ist Verlaß.

Sowohl mit meinem Sohn als auch mit meiner Tochter habe ich es auch schon des öfteren erlebt, daß ich sie etwas fragen wollte und sie mit eine Antwort geben bevor ich die Frage stellen konnte.

Ich habe auf einem Seminar einmal eine Frau kennengelernt. Wir sind uns sofort sympathisch gewesen. Als wir am Abends alle beim Essen zusammensaßen, bin ich mir zur Essensausgabe gegangen, um mir Nachschlag zu holen. Da hörte ich die Frau innerlich ziemlich laut sagen, daß sie gerne einen Apfel hätte. Da habe ich etwas erstaunt zu ihr geblickt, eine Apfel genommen und ihn ihr zugeworfen.

Alleine schon wegen ihrem verblüfften Gesicht hat sich dieses Erlebnis gelohnt, denn sie hatte tatsächlich gerade gedacht, daß sie gerne noch eine Apfel hätte und daß ich doch eigentlich einen mitbringen könnte.

Vor einigen Jahren hatte ich etwas über Leonardo da Vinci gelesen und mal wieder über seine ganzen Beobachtungen und Erfindungen gestaunt. Daraufhin habe ich David gefragt, ob er weiß, warum man einen Tag nach Neumond nicht nur die dünne Mondsichel, sondern schemenhaft den ganzen Mond sehen kann.

Er hat sofort geantwortet: „Das liegt an dem Sonnenlicht, das die Erde reflektiert und den Mond trifft." Er hat spontan geantwortet und hatte zuvor noch nie über dieses Thema nachgedacht – und einfach mein Wissen über Leonardos Entdeckung angezapft. Sehr praktisch für Prüfungen …

David ist mal zusammen mit einigen Freunden zu einer Geburtsfeier gefahren, als sie wenige Kilometer von ihrem Ziel entfernt einen Bus verpaßt haben. Da hat David gesagt, daß das Haus, zu dem sie wollten, ungefähr auf der anderen Seite des Waldes liegen müsse, an dem er mit seinen Freunden stand.

Da hat er sich von seiner inneren Stimme durch den nächtlichen, ihm unbekannten Wald führen lassen und ist mit seinen Freunden genau an der Gartenpforte hinter dem Haus, zu dem sie wollten, herausgekommen.

Es gibt ein einfaches Spiel, um Telepathie zu üben: Wenn man die Uhrzeit braucht, kann man innerlich schuen, wo der nächste Kirchturm o.ö. steht und dort versuchen, die Uhrzeit zu lesen – und die telepathisch gesehene Uhrzeit dann auf der eigenen Uhr oder auf dem eigenen Handy überprüfen.

Ich habe inzwischen sehr viele derartige Dinge erlebt und auch von anderen gehört, aber ich erzähle sie jetzt nicht alle, da es hier nur darum geht, die verschiedenen Arten, in denen Telepathie auftreten kann bzw. in denen ich bisher schon Telepathie erlebt habe, zu beschreiben.

1. d) Zusammenfassung

Anhand der angeführten Beispiele kann man schon einige Eigenheiten der Telepathie erkennen:

Man kann Dinge telepathisch sowohl bewußt, gezielt und mit Absicht wahrnehmen, als auch unbewußt und sozusagen nebenher.

Telepathisch wahrgenommene Dinge können auch als Traum erscheinen. Das Wachbewußtsein ist also für die Telepathie selber nicht notwendig.

Es können nicht nur einzelne Informationen oder Motive wahrgenommen werden, sondern auch komplexe Bilder (Pentagramm-Ritual, Urlaubs-Landschaft).

Man kann bewußt einen Gedanken aussenden und jemanden herbeirufen.

Mehrere Menschen können gemeinsam etwas wahrnehmen (z.B. die Frauen, die meinem gerade geborenen Sohn geholfen haben und in diesem Zusammenhang seinen Charakter gesehen haben.)

Es gibt „Helfer" bei der Telepathie wie z.B. die Krafttiere.

Telepathie kann auch systematisch und mit großer Verläßlichkeit in lebensbedrohlichen Situationen eingesetzt werden (Geronimo im Krieg mit der Kavallerie). Telepathie muß also bei entsprechender Übung keine vage Angelegenheit von Ahnungen und Vermutungen sein.

Es hat den Anschein, als ob die Telepathie ein Phänomen aus einer umfassenderen Gruppe von Phänomenen sei (die auf meinen Großvater fliegenden Federn u.ä.).

Diese erzählten Beispiele sind natürlich kein Beweis der Telepathie – außer natürlich für mich selber, da ich diese Dinge erlebt habe.

Daher folgen im nächsten Kapitel einige Beispiel für Versuche, die man selber durchführen kann und mit denen man einfach und zuverlässig selber Telepathie erleben kann.

2.   Die Entwicklung eines Telepathie-Modells

Wenn man Fahrrad fahren will, ist es hilfreich, wenn man zumindestens grob versteht, wie ein Fahrrad funktioniert, welche Funktion die einzelnen Bestandteile haben und am besten auch noch, wie man ein Fahrrad reparieren kann.

Daher folgt in diesem Kapitel der Versuch, ein möglichst zutreffendes Modell der Telepathie zu entwerfen, also eine möglichst zutreffende Beschreibung der Telepathie zu finden.

Diese Beschreibung ermöglicht dann zu erkennen, was man tun muß, um einen gewünschten telepathischen Effekt zu erzielen, wenn man ihn braucht.

2. a)   Das Vorgehen eines Chemikers

Wie kann man eine Sache möglichst präzise erkennen?

Zunächst einmal ist hilfreich, wenn man weiß, was man eigentlich erkennen will – und am besten auch noch, warum. Dabei ist Neugierde und Wissensdurst durchaus eine ausreichende und grundsolide Motivation …

Um etwas erkennen zu können, muß man es beobachten, muß man es erleben. Ohne eigene Erfahrung ist nichts da, worüber man nachdenken könnte …

Entweder schaut man daher einfach auf das, was man zufällig erlebt hat oder man überlegt sich Experimente, die man durchführen kann, um zu sehen, wie sich eine Sache verhält.

Ein Experiment hat eine Reihe von verschiedenen Phasen, die man z.B. bei einem Chemiker gut beobachten kann.

Die erste Phase eines Experiments besteht in der Klärung der bereits genannten Motivation, etwas Bestimmtes besser verstehen und daher auch besser nutzen zu können.

Die zweite Phase ist die Betrachtung dessen, was bereits bekannt ist und wovon man weiß, daß es stimmt oder daß es evtl. stimmen könnte. Der Chemiker möchte z.B. eine bestimmte chemische Verbindung und ihre Varianten und Anwendungsmöglichkeiten besser verstehen.

Die dritte Phase ist der Entwurf eines Experiments, durch daß man möglicherweise etwas erleben wird, was man vorher noch nicht kannte – schließlich geht darum etwas neues zu erkennen und dafür braucht man neue Erlebnisse. Der Chemiker überlegt sich daher z.B. welche Chemikalie er in die chemische Verbindung kippen könnte, die er besser verstehen will.

In der vierten Phase wird geprüft, welche Vorsichtsmaßnahmen sinnvoll sind: Schutzbrille, Handschuhe, Löschgerät in der Nähe … Bei neuen Telepathie-Versuchen könnte es z.B. sinnvoll sein, sie nicht während des Autofahrens zu machen, sondern zunächst einmal zuhause im geschützten Rahmen. Man sollte einen solchen Telepathie-Versuch am besten auch nicht dann machen, wenn viel von dem Ergebnis abhängt – außer wenn man sowieso keine andere Wahl mehr hat …

In der fünften Phase führt man den Versuch durch. Dabei beobachtet der Chemiker möglichst genau und notiert das Wahrgenommene. Dabei ist es wichtig, nur zu beobachten, nichts zu ignorieren oder hervorzuheben, sondern neutral wie ein weißes Blatt Papier oder wie ein Photo zu sein. Also nichts abzulehnen, zu kritisieren oder „Das kann nicht sein!" zu sagen.

Die sechste Phase besteht darin, alle Beobachtungen zu ordnen und zu deuten. Daraus ergeben sich dann evtl. neue Ideen, was bei dem Experiment vorgegangen sein könnte und welches Modell den beobachteten Vorgang am besten beschreibt.

Schließlich ergeben sich daraus in der siebten Phase neue Fragen, die wieder zu neuen Experimenten führen.

Dieses Vorgehen bringt auch in die Parapsychologie, in die Religion, in die Esoterik und in die Magie eine bodenständige Sachlichkeit, die im allgemeinen eine recht wohltuende Wirkungen hat.

2. b)   Der „klassische" Telepathie-Versuch

Der bekannteste Telepathie-Versuch, der vor allem in der Parapsychologe verwendet worden ist, besteht darin, daß eine Person die Karten rät, auf die eine andere gerade blickt.

Dabei werden 25 Karten benutzt, auf denen sich 5 verschiedene Symbole befinden – jedes Symbol ist fünfmal vertreten.

Aus der Häufigkeit, mit der die Karten richtig „geraten" werden, läßt sich dann präzise die Wahrscheinlichkeit errechnen, mit der das Ergebnis nicht Zufall, sondern Telepathie ist.

Dieser Versuchs-Aufbau geht davon aus, daß Telepathie so etwas wie das Sehen mit den Augen ist. Vermutlich weitgehend unausgesprochen liegt diesem Versuch auch die Annahme zugrunde, daß die Telepathie nach Belieben durch das Wachbewußtsein gesteuert werden kann – so wie man eben auch an den Ort schauen kann, für den man sich gerade entscheidet.

Für diese Versuchsanordnung spricht, daß ihre Ergebnisse leicht überprüfbar sind und die Telepathie-Wahrscheinlichkeit genau berechnet werden kann. Bei diesen Versuch sind auch immer wieder Ergebnisse aufgetreten, die deutlich außerhalb der normalen Wahrscheinlichkeiten liegen.

Gegen diese Versuchsanordnung spricht, daß Telepathie auch unbewußt, nebenbei oder gar im Traum stattfinden kann. Das zeigt deutlich, daß die Telepathie nicht dem normalen Sehen mit den Augen, das an das Wachbewußtsein gekoppelt ist, verglichen werden kann.

Weiterhin spricht gegen diese Versuchsanordnung, daß bei ihm eine deutliche Ermüdungserscheinung beobachtet werden konnte: die ersten paar Versuche, die eine Person durchgeführt hat, waren fast immer erfolgreicher als die späteren Versuche. Auch dies zeigt, daß man die Telepathie nicht dem Sehen mit den Augen vergleichen kann, denn bei dem normalen Sehen wird das Erkennen von dem, was man vor sich sieht, mit wachsender Übung erst mal für längere Zeit besser – bis schließlich irgendwann viel später eine allgemeine Ermüdung und Konzentrationsschwäche eintritt.

Es ist also sinnvoll, die Telepathie-Experimente zu verändern und sie den Erkenntnissen anzupassen.

2. c) Das Pendel

Es gibt einen Versuch, mit dessen Hilfe man den Vorgängen, die bei der Telepathie in einem Menschen stattfinden, näher kommen kann.

Beim normalen Sehen kommt ein Lichtstrahl im Auge an, reizt einen Rezeptor innen an der Rückseite des Augapfels, der diesen Impuls an das Gehirn weitergibt, in dem die Gesamtheit der Impulse aus den beiden Sehnerven, die von dem Auge zum Gehirn führen, verarbeitet, d.h. die Struktur des Gesehenen analysiert und sie mit bereits gespeicherten Strukturen vergleicht. Schließlich entsteht z.B. die Erkenntnis, daß man einen Apfel vor sich sieht.

Es wäre interessant zu wissen, was bei der Telepathie so alles vor sich geht und wo diese Vorgänge stattfinden.

Zunächst einmal ist nur bekannt, daß am Ende des Vorganges eine bewußte oder halbbewußte Erkenntnis im Gehirn entsteht – die telepathische Wahrnehmung.

Zudem ist noch bekannt, daß es kein physisches Sinnesorgan wie das Auge gibt, das die telepathisch empfangenen Informationen wahrnimmt.

Schließlich ist als drittes noch bekannt, daß die Telepathie nicht nur ein Empfangen, sondern auch ein Senden ist. Die Telepathie ist sozusagen hörendes Ohr und rufender Mund zugleich.

Ein Pendel ist ein sehr einfaches Telepathie-Hilfsmittel. Es besteht aus einem kleinen Gegenstand an einer Schnur. Dies braucht kein goldgefaßter Diamant an einer Seidenschnur zu sein – ich habe jahrelang meinen Haustürschlüssel an mein Stirnband gehängt, wenn ich ein Pendel gebraucht habe.

Wenn man das Pendel benutzt, hält man es am angewinkelten (und nicht aufgestützten) Arm vor sich in der Hand. In der Regel hängt es dann relativ ruhig da und wackelt nur ein bißchen unkoordiniert hin und her.

Man kann dem Pendel jedoch eine Frage stellen wie z.B. „Habe ich Hunger?" und dann schauen, was es daraufhin macht.

Das Pendel hat grob gesagt fünf mögliche Bewegungen: vor und zurück; von links nach rechts und wieder zurück; in Uhrzeigersinn im Kreis; gegen den Uhrzeigersinn im Kreis; und schließlich einfach bewegungslos dahängen.

Man kann nun dem Pendel sagen, daß z.B. „vor und zurück" die Bedeutung „ja" haben soll und „seitwärts hin und her" die Bedeutung „nein". Ob diese Vereinbarung mit dem Pendel funktioniert, kann man leicht überprüfen, indem man ein paar Fragen stellt: „Bin ich ein Mann?", „Ist es Tag?", „Bin ich auf der Erde?" usw. Für „gegen den Uhrzeigersinn drehen" kann man z.B. die Bedeutung „Frage anders formulieren" festlegen und für „im Uhrzeigersinn drehen" die Bedeutung „unsinnige Frage".

Wenn das Pendel auf diese Weise sozusagen programmiert worden ist, kann man nun einige Experimente machen.

Eine Person versteckt in der Wohnung einen Schlüssel und eine zweite Person versucht, mithilfe der Antworten des Pendels auf die eigenen Fragen diesen Schlüssel zu finden: „Liegt der Schlüssel vor mir?", „Liegt der Schlüssel oberhalb meiner Gürtellinie?", „Ist der Schlüssel in diesem Zimmer?" usw. Auf diese Fragen kann das Pendel mit „Ja" und „Nein" antworten.

Man kann denselben Versuch auch machen, indem man vorher eine dritte Person den Schlüssel verstecken läßt. Damit schließt man aus, da man die Informationen von einer anwesenden Person erhält, die weiß, wo der Schlüssel liegt.

Schließlich kann man auch eine Person bitten, an etwas zu denken, und dann versuchen, das, woran sie denkt, mithilfe des Pendels herauszufinden.

Man kann sich nach diesen Experimenten überlegen, was dabei eigentlich vorgeht. Dabei sollte man sich an das Wissenschafts-Prinzip halten, daß die Theorie mit den wenigsten zusätzlichen Annahmen die wahrscheinlich richtige ist. Oder anderes gesagt: Richtige Modelle sind meistens schlicht und elegant.

Das Pendel selber ist recht sicher nicht das, was die Telepathie ausübt – sonst würde man für Telepathie immer ein Pendel brauchen. Das Pendel ist jedoch das, was die telepathisch erlangten Informationen sichtbar werden läßt. Das Pendel ist also ein Monitor. Doch wofür ist das Pendel der Monitor?

Zumindestens läßt sich das „Kabel an dem Monitor" erkennen: das sind die Muskeln des Armes, dessen winzige, aber koordinierte Bewegungen das Schwingen des Pendels verursachen.

Man kann diesen Vorgang noch einen Schritt weiter zurückverfolgen: Die kleinen, aber koordinierten Bewegungen des Armes werden von den Nerven gesteuert, die vom Gehirn zu den Armmuskeln führen.

Man kommt sogar noch einen Schritt weiter in Richtung des Ursprungs der Informationen: Die Antworten des Pendels sind einem nicht bewußt, sondern man sieht sie erst anhand des Pendels. Die telepathisch erlangten Informationen befinden sich also zunächst im Unterbewußtsein, bevor sie ins Bewußtsein gelangen. Das Pendel ist also ein Monitor für das Unterbewußtsein.

Das ist im Grunde dasselbe wie bei dem Gespür dafür, daß man von hinten angestarrt wird: Man dreht sich spontan um, weil sich irgendwas „komisch" anfühlt.

Wenn man diese Pendelversuche längere Zeit über durchführt, wird man irgendwann spüren können, was das Pendel gleich machen wird – das Wachbewußtsein ist neben dem Pendel zu einem zweiten Monitor für die Telepathie geworden …

2. d)   Der „Zombie-Versuch"

Das Pendeln ist sehr praktisch und man kann es in allen möglichen Situationen verwenden. Dabei sollte man natürlich nicht einfach blind den Aussagen des Pendels folgen, sondern seine Antworten einfach als Information sehen, deren Ursprung man nicht genau kennt, und schauen, in welcher Weise die Antworten einem weiterhelfen.

Es gibt jedoch auch Situationen, in denen das Herausholen eines Pendels zu Komplikationen führen könnte – z.B. bei Konferenzen. Als ich mit diesem Problem konfrontiert worden bin, habe ich überlegt, was ich da tun könnte. Die Lösung war recht einfach.

Wenn es die Muskeln des Armes sind, die das Pendel schwingen lassen, dann müßte man auch andere Muskeln „programmieren" können. Also habe ich meine rechte Hand so über den linken Unterarm gelegt, daß alle Finger entspannt in der Luft hingen. Dann habe ich meine Finger gefragt, wer von ihnen für „ja" stehen will. Daraufhin hat sich mein Zeigefinger leicht bewegt. Der Mittelfinger hat das „nein" übernommen, der Ringfinger das „unpräzise Frage" und der kleine Finger das „unsinnige Frage!".

Als ich danach in einer Konferenz einmal eine Information erpendeln wollte, brauchte ich nur meine rechte Hand über meinen linken Unterarm zu legen, innerlich meine Frage zu stellen und dann zu schauen, welcher Finger sich daraufhin leicht bewegt hat.

Problem gelöst.

Bald darauf habe ich versucht, ob es nicht auch möglich ist, meinem Arm zu sagen, daß er sich bewegen soll. Das Erlebnis war ziemlich komisch: Ich habe meinem rechten Arm gesagt, daß er sich bewegen soll und habe geschaut, was passiert. Er hat sich tatsächlich erhoben, aber ich war nur der Zuschauer bei meiner eigenen Arm-bewegung und nicht mehr derjenige, der meinen Arm bewegt.

Als ich diesen Versuch meinem Freund Jörg gezeigt habe, haben wir angefangen, das auch mit zwei Armen gleichzeitig, mit den Beinen usw. zu probieren. Schließlich habe ich meinem Körper gesagt „Steh' auf und gehe zu Jörg".

Da habe ich miterlebt, wie sich mein Körper bewegt, sich erhoben hat und gelaufen ist und dann Jörg mit einer Hand am Arm berührt hat. Auch Jörg hat deutlich gespürt, daß das etwas ganz anderes ist als eine willkürliche, gewollte Bewegung. Die Bewegung hat ihn erschauern lassen und er meinte dazu: „Nur Zombies sind noch schöner!" Daher hat dieser Versuch seinen Namen erhalten.

Viele Jahre später habe ich mich gefragt, was man mit diesem Zombie-Versuch denn Nützliches anstellen kann. Da habe ich mir überlegt, daß dabei doch der gesamte Körper ähnlich wie bei einem Schlafwandler vom Unterbewußtsein aus gesteuert wird und daß die telepathischen Informationen zunächst einmal im Unterbewußtsein sind, bevor sie ins Wachbewußtsein kommen. Konnte man demzufolge seinem eigenen Körper sagen, daß er sich eine Information telepathisch beschaffen und dann anschließend eine dieser Information entsprechende Handlung ausführen soll?

Als mein Sohn das nächste mal bei mir zu Besuch war, haben ich ihm erklärt, was ich ausprobieren will. Ich hatte dafür vorher ein Schlüssel in meiner Wohnung unter dem Rand eines Teppichs versteckt. David hat ein bißchen geübt, bis er seinem Körper sagen konnte, daß er sich eigenständig bewegen soll.

Daraufhin habe ich ihm gesagt, daß ich in meiner Wohnung einen Schlüssel versteckt habe. Er hat seinem Körper gesagt, daß er den Schlüssel holen soll und hat geschaut, was sein Körper tut. Das Aufstehen in diesem Zustand ist immer ein ruckhaftes Einknicken in der Hüfte, das aussieht, als ob der Betreffende gleich umfallen würde. David ist mit diesen merkwürdigen „Zombie-Schritten" zielstrebig durch die Wohnung getappt, am Rand des Teppichs stehengeblieben und dann in der Hüfte nach vorne geknickt, wobei sein Arm wie mit einer Art Pendelbewegung nach unten unter den Teppich gefallen ist und den Schlüssel, ohne daß David ihn vorher gesehen hat, herausgezogen hat.

Der Versuch war also ein voller Erfolg.

Einige Monate später hatte David große Probleme mit seinen Kniesehnen und er sollte operiert werden. Als er auf Klassenfahrt in Nürnberg war und mit seinen Krücken oben auf dem Hof der Burg stand, hat er sich gedacht, daß man die Knie doch auch mit Magie heilen können müßte. Also hat er seinem Körper gesagt, daß er ihn zu seiner Heilung führen soll. Darauf hin ist er zielstrebig auf ein kleines Tor zugegangen, dessen Tür auch tatsächlich unverschlossen war.

Er kam in einen kleinen Kräutergarten. Zielstrebig hat ihn sein Körper zu einem bestimmten Beet geführt, an dem sein Oberkörper wieder nach vorne geknickt ist, wobei seine Hand nach vorne fiel, einige Blätter einer Pflanze abgerissen und mit derselben Bewegung sich in den Mund gesteckt hat. Nachdem er diese Blätter gegessen hatte, konnte er sich seine Krücken unter deinen Arm klemmen und war gesund.

Telepathie funktioniert also nicht nur zwischen zwei Menschen und auch nicht nur zwischen einem Menschen und einem Gegenstand (12er-Schlüssel für mein Fahrrad) – offenbar kann man sich telepathisch auch Informationen beschaffen, die zu einer Heilung führen, obwohl vorher niemand gewußt hat, wie man die Knie heilen könnte.

Es sieht also danach aus, als ob Telepathie nicht nur eine „Linie" zwischen zwei Menschen oder eine „Linie" zwischen einem Menschen und einem Gegenstand sein kann, sondern daß eine einzelne telepathische Wahrnehmung ein Teil eines großen „Linien-Netzes" ist, in dem sich Informationen befinden, von denen man nichts gewußt hat.

Telepathie scheint also ungefähr so etwas wie der Fluß einer Information im Internet zu sein …

2. e)   Der Postkarten-Versuch

Die bisherigen Betrachtungen ermöglichen nun, ein neues Telepathie-Experiment zu entwerfen.

Wenn die telepathischen Informationen zuerst im Unterbewußtsein ankommen und dann von da aus in das Wachbewußtsein geholt werden müssen, gibt es das Problem, daß man nicht weiß, was zu der telepathischen Information gehört und was einfach eine Assoziation ist.

Man empfängt also eine Botschaft, die von Störgeräuschen begleitet ist. Die Frage ist also, wie man einen Filter konstruieren kann, der die telepathische Information von den Störgeräuschen trennen kann. Das ist zum Glück recht einfach.

Bei dem Experiment macht im Idealfall eine ganze Schulklasse oder eine ähnlich große Gruppe mit. Für den Versuch braucht man weiterhin zehn bis zwanzig möglichst verschiedene Postkarten mit markanten Motiven. Diese Postkarten werden in Briefumschläge gesteckt, die man zuklebt, sodaß die Postkarten nicht mehr sichtbar sind.

Nun wird die Schulklasse in Vierergruppen eingeteilt. Jede Gruppe sitzt an einem Tisch und erhält einen Umschlag, der in ihre Mitte auf den Tisch gelegt wird. Nun konzentrieren sich alle ca. drei Minuten auf die Postkarte in dem Briefumschlag und schreiben dann alle Eindrücke auf einen Zettel – dieses Aufschreiben ist notwendig, damit anschließen niemand etwas zu seinen Wahrnehmungen hinzufügt oder etwas von ihnen fortläßt.

Dann werden die Wahrnehmungen verglichen. Die Dinge, die alle vier oder zumindestens drei der vier Schüler wahrgenommen haben, sind offenbar telepathische Wahrnehmungen, denn daß vier Menschen dieselbe Phantasie haben, ist ausgesprochen unwahrscheinlich.

Wenn sie nun z.B. „viel Blau", „Wärme", „Rauschen" und einen „gelben Fleck" wahrgenommen haben, klingt das sehr nach einer Strand-Szene mit Sonne.

Nun kann man dieses Gerüst mit den Dingen, die zwei der vier Schüler gesehen haben, auffüllen. Wenn z.B. ein Schüler einen Baum und eine Schülerin eine Palme gesehen hat, wird auf dem Strand-Bild wohl auch noch eine Palme stehen.

Die Wahrnehmungen, die nur Assoziationen, also „Störgeräusche" sind, sind bei jedem der vier Schüler anderes und fallen bei diesem Vorgehen aus der Beschreibung des telepathisch gesehenen Bildes heraus.

Man kann diesen Versuch natürlich auch einfach nur zu viert durchführen, aber wenn sechs Gruppen oder mehr gleichzeitig ihr Bild richtig erkennen, hat das eine größere Überzeugungskraft …

2. f)   Zusammenfassung

Die bisherigen Versuche ermöglichen nun schon die Formulierung eines etwas differenzierteren Telepathie-Modells.

Anhand der bisher beschriebenen Versuche und Erlebnisse lassen sich die folgenden Eigenschaften der Telepathie erkennen:

Die Telepathie verbindet Menschen mit Menschen, Menschen mit Dingen, und Menschen mit einer noch ungeklärten Informationsquelle, die z.B. den Weg zu einer Spontanheilung kennt.

Telepathisch wahrgenommene Dinge können auch als Traum erscheinen. Das Wachbewußtsein ist also für die Telepathie selber nicht notwendig.

Die telepathische Information gelangt zuerst in das Unterbewußtsein, das sie auch weiterverarbeitet wie z.B. das sich-Umblicken, wenn man von hinten angestarrt wird, zeigt.

Man kann Dinge telepathisch bewußt, gezielt und mit Absicht wahrnehmen, aber auch unbewußt und sozusagen nebenher.

Um bewußt zu werden, muß die telepathisch erlangte Information ins Wachbewußtsein gelangen. Dies kann durch einen Traum, durch einen Monitor wie das Pendel, eine Muskelbewegung wie bei der „Finger-Programmierung" oder bei dem „Zombie-Versuch" oder durch eine direkte Bewußtwerdung geschehen.

Es können nicht nur einzelne Informationen oder Motive wahrgenommen werden, sondern auch komplexe Bilder (Pentagramm-Ritual, Urlaubs-Landschaft).

Man kann bewußt einen Gedanken aussenden und jemanden herbeirufen.

Für Telepathie ist kein Mindestalter notwendig, wie meine Erlebnisse mit meinem Sohn zeigen, die sofort nach seiner Geburt begonnen haben („Hallo, ich bin der David.")

Es können telepathisch auch falsche Informationen gesendet werden bzw. das Bewußsein und das Wissen eines anderen kann telepathisch so effektiv gestört werden, daß dieser andere ungewollt falsche Dinge sagt („Sydney statt Canberra als Hauptstadt Australiens").

Mehrere Menschen können gemeinsam etwas wahrnehmen (Postkarten-Versuch).

Es gibt „Helfer" bei der Telepathie wie z.B. die Krafttiere.

Telepathie kann auch systematisch und mit großer Verläßlichkeit in lebensbedrohlichen Situationen eingesetzt werden (Geronimo im Krieg mit der Kavallerie). Telepathie muß also bei entsprechender Übung keine vage Angelegenheit von Ahnungen und Vermutungen sein.

Es hat den Anschein, als ob die Telepathie ein Phänomen aus einer umfassenderen Gruppe von Phänomenen sei, zu der u.a. auch die Telekinese gehört (die auf meinen Großvater fliegenden Federn u.ä.).

Aus diesen Informationen ergibt sich als Modell eine allgemeine Informationsfülle, die u.a. aus einer großen Menge von telepathischen Verbindungen besteht. Der

Kontakt zu dieser Informationsfülle liegt im Unterbewußtsein.

Der Mensch hat die Fähigkeit, telepathisch sowohl zu senden (Sydney statt Canberra) als auch absichtlich zu empfangen (Postkarten-Versuch) und unabsichtlich zu empfangen (angestarrt werden).

Die telepathisch erreichbare Informationsfülle scheint mehr zu sein als nur Information, da sie auch telekinetische Phänomene enthält. Dies bedeutet, daß das telepathische Senden ein Sonderfall der Telekinese sein könnte: Von einem Menschen geht eine „magische" Wirkung aus.

3.   Experimente mit dem Telepathie-Modell

Um genauer herauszufinden, was Telepathie ist und wie sie funktioniert, sind nun weitere neue Experimente notwendig.

3. a)   Traumreisen

Eine Traumreise besteht in der bewußten Koordination von Wachbewußtsein und Unterbewußtsein – klingt kompliziert, ist aber einfach.

Wenn man morgens aus einem Traum aufwacht und ihn noch 10 Sekunden bewußt weiterträumt, in denen er noch seine Eigendynamik behält, ist man in diesem Traumreisen-Zustand.

Wenn man z.B. im Zug aus dem Fenster schaut und in einen längeren Tagtraum gerät und dann plötzlich aufwacht und merkt, daß man garnicht im letzten Urlaub am Strand ist, sondern in der Bahn sitzt, ist man auch in diesem Zustand gewesen.

Diesen Zustand kann man auch bewußt hervorrufen. Dafür legt man sich entspannt hin und konzentriert sich auf ein Thema, das man zuvor ausgewählt hat. Man kann das Thema für die anstehende Traumreise entweder vollkommen formlos einfach beschließen, man kann in seiner Vorstellung durch ein Symbol treten, das für das ausgewählte Thema steht, oder man kann innerlich eine Gottheit, ein Tier, eine Pflanze oder ein anderes Wesen ansprechen und mit ihm ein Gespräch beginnen.

Anfangs muß man sich daran gewöhnen, alle Eindrücke erst einmal anzunehmen und ernstzunehmen, aber das geht eigentlich recht schnell.

Traumreisen sind am einfachsten zu erlernen, indem man sie ein paarmal zusammen mit jemandem durchführt, der schon etwas Übung darin hat.

Durch diese Traumreisen braucht man keinen Monitor mehr, da man selber vollbewußt auf die Ebene des Unterbewußtseins geht. Oder anderes formuliert: Man öffnet das Wachbewußtsein bewußt für alle Informationen, die zu einem bestimmten Thema gehören, sodaß diese aus dem Unterbewußtsein in das Wachbewußtsein gelangen können.

Dieses Eintreten in die Traumreisen-Bilder ist so ähnlich wie das Eingeben eines Suchbegriffs in einen Internet-Browser, der dann alles sucht, was es zu diesem Begriff gibt.

Man kann Traumreisen benutzen, um sein eigenes Inneres zu erforschen, aber durch eine Traumreise kann man auch an Informationen gelangen, die nur telepathisch erreichbar gewesen sind.

Man kann auf diese Weise auch Pflanzen besuchen und von ihnen ihre Heilwirkungen erfahren – also Telepathie zwischen Mensch und Pflanze. Dasselbe funktioniert auch mit Steinen, den Planeten (Astrologie) und allem Erdenklichen anderen.

Man kann sich auf diese Weise auch ganz konkret andere Orte ansehen und schauen, wie es dort aussieht. Diese Wahrnehmungen kann man dann anschließend überprüfen, indem man physisch an diese Orte geht und die eigenen Wahrnehmungen überprüft.

Als ich einmal einer Freundin am Telefon davon erzählt habe, hat sie mich sofort gefragt „Welche Farbe hat die Unterhose, die ich gerade trage?" Daraufhin habe ich innerlich nachgesehen und es ihr zutreffend gesagt, was sie ziemlich verblüfft hat.

3. b)   kollektive Telepathie

Bisher sind nur Formen der Telepathie beschrieben worden, an denen ein Mensch und ein anderer Mensch, ein Tier oder eine Pflanze beteiligt war oder bei der die telepathisch erlangte Information aus einem zunächst nicht näher erfaßbaren Bereich gekommen ist.

Es gibt eine ganze Reihe von Phänomenen, die zeigen, daß Telepathie auch ein Gruppen-Vorgang oder ein kollektives Phänomen sein kann.

Ich habe des öfteren Traumreisen zu zweit zu einem Thema, das uns beide interessiert hat, unternommen. Dabei trat bei so gut wie jeder Traumreise mehrfach der Effekt auf, daß ich etwas gesehen habe und daß der andere es zu beschreiben begann, bevor ich etwas dazu gesagt hatte. Dasselbe gab es auch umgekehrt.

Die Wahrnehmungen, um die es dabei ging, waren oft nicht nur einfach Dinge wie „Ich sehe einen Baum.", sondern auch exotischere Dinge wie „Hm, ich sehe einen Drachen – und der hat einen Verband an der linken Vorderpfote."

Diese Erfahrungen zeigen deutlich, daß beide Traumreisenden tatsächlich in derselben Vision sind.

Bei solchen Traumreisen unterhält man sich, während man unterwegs ist – so ähnlich als wenn man eine Wanderung durch ein Tal machen würde.

Derartige gemeinsame Traumreisen kann man auch zu viert oder zu fünft unternehmen – mit noch mehr Personen wird es allmählich unübersichtlich. Auch bei diesen Gruppen-Traumreisen sind alle in demselben Bild und erleben dieselben Dinge.

Die derzeit vermutlich bekannteste Form der Gruppen-Telepathie sind vermutlich die systemischen Familienaufstellungen. Dabei trifft sich eine Gruppe von Menschen, um nach Heilung zu suchen. Dies funktioniert wie folgt:

Derjenige, der Heilung sucht, erzählt, in welcher Situation er sich befindet, und der Leiter der Aufstellung entscheidet dann, welche Personen in der Geschichte des Heilungssuchenden wichtig sind – z.B. seine Eltern, seine Frau und sein Sohn. Dann werden die anderen Teilnehmer gefragt, wer diese Personen repräsentieren möchte.

Diese Personen stellen sich dann alle in einen festgelegten Bereich in dem Zimmer (z.B. auf einen großer Teppich) und schauen, was sie intuitiv tun wollen. Dabei zeigt sich dann sehr schnell, daß diese „Darsteller" tatsächlich mit den Personen, die sie darstellen, verbunden sind, denn obwohl sie so gut wie nichts über die dargestellten Personen wissen, sprechen sie wie diese, sind cholerisch wie sie und hinken wie sie.

Bei der Familienaufstellung wird sozusagen die gesamte Situation des Heilungssuchenden durch die „Darsteller" telepathisch herbeigerufen und intuitiv inszeniert.

Es können nicht nur Menschen, sondern auch Teile der Psyche des Ratsuchenden, die Planeten aus seinem Horoskop, seine Heimatstadt und alles mögliche andere aufgestellt werden.

Letztlich muß man solch eine Aufstellung erlebt haben, um sich vorstellen zu können, was dabei geschieht und wie sich das anfühlt – eben wie kollektive Telepathie.

Es gibt auch „unfreiwillige Mini-Familienaufstellungen". Das geschieht, wenn man mit einem Menschen zusammen ist und in eine Rolle hineingezogen wird, die der andere aufgrund seiner bisherigen Erlebnisse in sich trägt. Dann fängt man an, sich anders zu verhalten als normalerweise – meistens bemerkt man das aber nur, wenn man recht aufmerksam darauf ist, was man will, fühlt, denkt und tut.

Im Spiritismus werden die Geister von Verstorbenen herbeigerufen und mit einer ähnlichen Methode wie dem Pendeln („Quija-Brett") befragt.

Das ist im Grunde ein Vorgehen, das den Familienaufstellungen vergleichbar ist. Derartige Bitten um Rat und Hilfe an die Ahnen gibt es in sehr vielen Formen. Die Familienaufstellungen stammen z.B. aus Südafrika von den dortigen Medizinmännern. Der Spiritismus ist eine europäische Variante. Das Utiseta-Ritual der Germanen ist eine Methode, die bis ins Mittelalter in Nord- und Mitteleuropa weit verbreitet gewesen ist, bis sie als „Totenbeschwörung" von der Kirche verteufelt worden ist. Auch die Kelten hatten ein solches Ritual. Bei den Chinesen ist es sehr lange Zeit üblich gewesen, zum Ahnenschrein zu gehen, um Rat und Hilfe zu erhalten.

Bei den meisten religiösen oder magischen Ritualen findet ebenfalls eine Form der kollektiven Telepathie statt – alle sind auf dieselben Worte, Bilder, Symbole und Vorgänge konzentriert und erleben dabei ähnliche Dinge. Das wird allerdings meistens erst dann offensichtlich, wenn man etwas individuellere Rituale mit einer ausreichend großen Intensität durchführt.

Man kann auch noch Massenpsychosen, Massenpanik und ähnliche Phänomene zu den Erscheinungen der kollektiven Telepathie rechnen. Allerdings sind diese Phänomene nicht dafür geeignet, Telepathie an sich nachzuweisen, da sie auch ohne Telepathie erklärt werden können.

Allerdings werden diese Phänomene verständlicher, wenn man die Telepathie bereits nachgewiesen hat und sie daher zur Erklärung hinzuzieht: Wenn eine genügend große Anzahl von Menschen dasselbe fühlt oder sich vorstellt, entsteht ein Sog oder eine Strömung, die fast alle anderen Menschen mit in diese Gefühle und Vorstellungen hineinzieht.

Schließlich gibt es noch das „Phänomen des hundertsten Affen", das nach dem Ereignis benannt worden ist, bei dem dies das erste mal beobachtet worden ist.

Auf einer Insel in der Nähe von Japan wurden Affen mit Kartoffeln gefüttert. Nach einer Weile hat ein Affe entdeckt, daß die Kartoffeln angenehmer zu essen waren, wenn er sie vorher in dem Bach gewaschen hat. Nach und nach haben es ihm einige Affen nachgemacht. Dieser Nachahmungs-Effekt war recht langsam, doch als eine bestimmte Anzahl von Affen das Kartoffel-Waschen erlernt hatten, haben es auf einmal alle Affen gemacht – und zwar auch alle Affen auf allen anderen Inseln, die vom dieser Entdeckung ja garnichts gewußt hatten.

Dies ist sozusagen eine friedliche Variante der Dynamik bei einer Massenpanik – wenn eine bestimmte Anzahl von Menschen dasselbe will, fühlt, denkt, sieht oder macht, tun es auf einmal alle.

Dieses Phänomen bestätigt die Vermutung, daß Telepathie nicht nur aus einzelnen „Telepathie-Fäden" zwischen einzelnen Menschen, Tieren, Pflanzen und Dingen besteht, sondern daß das einzelne Telepathie-Ereignis ein Teil eines größeren „Organismus" ist, in dem das einzelne Telepathie-Ereignis sozusagen eine „Zelle" ist.

Mein Sohn arbeitet bei der GSI („Gesellschaft für Schwerionenforschung") in Darmstadt und entwickelt dort Bildverarbeitungs-Verfahren für die verschiedenen Experimente, die dort durchgeführt werden. Wir unterhalten uns ab und zu über das, was er dort macht und welche Lösungsmöglichkeiten er dabei entdeckt hat – auch wenn ich ihm nicht auf der Programmierungs-Ebene, sondern nur auf der allgemeinen Ebene folgen kann, da ich selber das Programmieren nicht gelernt habe.

Vor ein paar Wochen bin ich aufgewacht und hatte schon im Traum angefangen, über ein Problem nachzudenken, das mir bei der elektronischen Bildverarbeitung aufgefallen ist. Ich habe ungefähr eineinhalb Stunden über dieses Problem nachgedacht (was ich sonst nie tue) und dann etwas anderes gemacht.

Zwei Tage später habe ich mit David telefoniert und ihm von meinen Überlegungen und meinen Lösungs-Ideen berichtet. Da hat er mir erzählt, daß er genau dieses Problem auch entdeckt hatte und seit einigen Tagen darüber nachgedacht hat und genau an diesem Morgen zu der Zeit, wo ich ebenfalls darüber nachgedacht habe, die Lösung gefunden hat.

Habe ich da einfach nur telepathisch ziemlich präzise gehört, worüber David nachgedacht hat, oder haben wir unsere beiden Bewußtseins gekoppelt, um das Problem gemeinsam zu lösen?

Die Gruppen-Traumreisen zeigen, daß es eine solche telepathische Koordination der inneren Bilder gibt – warum sollte man sie nicht auch zum Lösen von Problemen benutzten können?

Noch ein wenig weiter ausgedehnt, hat man das „Schwarmbewußtsein" einiger Tierarten … und mit noch ein wenig mehr Koordination erhält man das kollektive Unterbewußtsein …

3. c) Hypnose

Ein weiteres Phänomen, das auch eine Telepathie-Seite hat, ist die Hypnose. Der Hypnotiseur spricht auf den zu Hypnotisierenden leise, aber bestimmt ein. Er suggeriert ihm, daß er sich entspannt, müde wird, schwer wird, angenehm warm wird und schließlich einschläft. Dabei übernimmt der Hypnotiseur nach und nach die Kontrolle über den anderen.

Der Vorgang ist ähnlich wie bei einer Familienaufstellung, bei der der Darsteller sich von dem Dargestellten führen läßt und ihn verkörpert (z.B. den Vater des Heilungssuchenden).

Es ist auch derselbe Vorgang wie das unbewußte Schlüpfen eines Menschen in eine Rolle, die ein anderer Mensch, mit dem er gerade zusammen ist, in sich trägt.

Das Spezielle an der Hypnose ist, daß der Hypnotisierte in der Regel sein Wachbewußtsein und damit auch sein Erinnerungsvermögen ausschaltet und der Hypnotiseur an die Stelle des lenkenden Wachbewußtseins tritt. Der Hypnotiseur kann nun mit dem Unterbewußtsein des Hypnotisierten sprechen und auf diese Weise Dinge erfahren, die dem Hypnotisierten ansonsten nicht zugänglich sind. Er kann ihn auch beauftragen, Dinge zu tun, die der hypnotisierte dann auch ausführt.

Hypnoseversuche sind eine der direktesten Arten, die Funktionsweise der Psyche zu verstehen, weil der Hypnotiseur direkt mit dem Unterbewußtsein des Hypnotisierten spricht.

Die Agitation und die Propaganda von Diktatoren und ähnlichen Menschen kann man in manchen Fällen geradezu als eine Form der Massenhypnose auffassen.

Es gibt eine interessante Variante der Hypnose: die Fernhypnose. Nachdem sich mein Zauberlehrer gut 50 mal von mir hat hypnotisieren lassen, kamen wir auf die Idee, dies auch einmal auf Distanz zu versuchen. Also habe ich mich an dem verabredeten Abend in mein Zimmer gestellt, den Schutzkreis des Pentagramm-Rituals gezogen und mich dann auf meinen Zauberlehrer konzentriert und ihn so hypnotisiert, wie ich das ansonsten auch getan habe, wenn wir zusammen waren.

Am nächsten Tag habe ich ihn dann gefragt, was er erlebt hat. Er ist an dem Abend natürlich nicht zuhause geblieben, wie wir das verabredet hatten – er ist eher ein Abenteurer und fand's langweilig zuhause und ist die Kneipe gegangen. Dort hat er dann zu der Uhrzeit, zu der ich ihn aus der Ferne hypnotisiert habe, sein Bierglas auf einen imaginären Tisch gestellt und ist wortlos nach Hause gegangen, wo er dann später wieder „erwacht" ist, nachdem die Hypnose zuende war.

Ich habe mir meinen Zauberlehrer, weil ich davon ausgegangen bin, daß er unserer Verabredung gemäß zuhause geblieben ist, in seinem Zimmer vorgestellt – was ihn offenbar in sein Zimmer gerufen hat. Glücklicherweise ist unbeschadet über alle Straßen gekommen …

3. d)   Zusammenfassung

Die in diesem Kapitel angeführten Phänomene zeigen, daß man mithilfe von Traumreisen mit seinem Wachbewußtsein gezielt in Bereiche gehen kann, über die man etwas wissen will. Man braucht also nicht notwendigerweise einen „Monitor" wie das Pendel, das die telepathisch erlangten Informationen anzeigt.

Die kollektive Telepathie zeigt, daß die Psyche offenbar ein komplexes Gebilde ist, in dem das Unterbewußtsein und das Wachbewußtsein voneinander getrennt werden können. Dies ermöglicht es dem Hypnotiseur, direkt mit dem Unterbewußtsein des anderen zu sprechen – und auf diese Weise auch durch das, was das Unterbewußtsein des anderen sagt, an telepathisch erlangte Informationen kommen.

Die Gruppen-Traumreisen, die kollektive Hypnose und auch die Massenpsychosen und die Massenpanik zeigen, daß man die Telepathie vermutlich als Teil eines größeren Ganzen auffassen muß, in dem die einzelne telepathische Verbindung sozusagen ein einzelner Faden ist.

4. Grenzbereiche der Telepathie

Zunächst einmal scheint Telepathie etwas sehr Einfaches und Schlichtes zu sein: „Gedankenübertragung". Doch die bisherigen Betrachtungen haben gezeigt, daß es zum einen nicht nur Gedanken sind, die übertragen werden, sondern z.B. wie bei der Hypnose auch Willen, und zum anderen hat Telepathie anscheinend auch eine Funktionsweise und einen konkreten Ablauf, in der sie stattfindet (Rolle des Unterbewußtseins). Schließlich scheinen mit der Telepathie auch noch andere Dinge verbunden zu sein wie z.B. das „erfolgreiche Wünschen".

Es ist daher sinnvoll, sich einmal die Randbereiche der Telepathie anzuschauen, um zu sehen, was alles mit der Telepathie verwandt sein könnte, damit deutlicher wird, was Telepathie eigentlich ist und zu welchem übergeordneten Bereich sie gehört.

4. a) Wünsche

Es gibt eine spezielle Art der Wünsche, bei der es den Anschein hat, als ob sie telepathisch das Erwünschte herbeirufen würden. Diese Art Wünsche hat Ähnlichkeit mit den Traumreisen, auf denen man nach Informationen sucht, von denen man vermutet, daß sie niemand weiß.

Es scheint etwas auf der „telepathischen Ebene" zu geben, was z.B. unbekannte Heilungsmöglichkeiten kennt und was einem gewünschte Dinge zusenden kann.

Ich bin vor etlichen Jahren einmal morgens zum Bioladen hinuntergegangen, in dem ich damals gearbeitet habe und dachte so bei mir, daß es schön wäre, ein zweites Fahrrad zu haben, um zusammen mit Besuchern von mir zum Rhein fahren zu können.

Als ich anfing, das Gemüse in die Regale des Bioladens einzuräumen, klopfte ein Nachbar an die Schaufensterscheibe und frug mich, ob ich ein Fahrrad brauchen könnte, er wolle eins sein Räder fortgeben. Es war natürlich genau die richtige Größe für mich …

Ich bin auf einem Bioladner-Treffen in Frankfurt gewesen und habe auf dem Rückweg gedacht, daß solche Treffen zwar ganz hilfreich sind, aber daß ich eigentlich etwas anderes suche – jemanden, mit der ich einfach von Herz zu Herz zusammen sein kann und wo man nichts lang und breit erklären muß.

Eine halbe Stunde später habe ich eine Frau im Zug kennengelernt, mit der ich dann später auch zusammen gewesen bin. Wie sie mir irgendwann erzählt hat, hatte sie sich genau dasselbe wie ich gewünscht.

Diese fast absichtslosen, entspannten Wünsche brauchen bei mir so gut wie immer ziemlich genau eine halbe Stunde bis zu ihrer Erfüllung.

Ein Paar, das ich kenne, suchte für sich und ihre Kinder eine größere Wohnung. Während die Frau Anzeigen las, herumtelefonierte, alle Bekannten nach Wohnungen frug usw., tat ihr Mann gar nichts. Irgendwann meinte sie wütend zu ihm, daß er wohl glaube, daß die Wohnung von selber zu ihm komme – darauf meinte er nur „Ja, genau."

Ein paar Tage später kam ihr Vermieter wegen einer Reparatur vorbei und erzählte, wie wenig er es leiden könne, wegen Wohnungen, die er zu vergeben habe, Anzeigen aufzugeben. Als die beiden nachfrugen, was für eine Wohnung das sei, war es genau die passende …

Wer kennt es nicht, daß man jemanden anruft und es ist besetzt. Nachdem man es eine Weile später nochmal versucht hat, stellt man fest, daß der andere zu genau demselben Zeitpunkt ebenfalls den Wunsch hatte, einen selber anzurufen und deshalb besetzt gewesen ist.

Das klingt nicht nach Zufall …

4. b) Omen und Orakel

Wenn man Tarot-Karten legt oder das I Ging befragt, erhält man durchaus sinnvolle Antworten. Was geht dabei vor sich?

Eine mögliche Erklärung ist, daß man sich zuerst einmal telepathisch die benötigten Informationen beschafft, dann telepathisch die richtigen Karten auswählt und diese Karten dann als „Monitor" für die telepathisch beschafften Informationen benutzt, die erst durch das Betrachten der Karten bewußt werden.

Meistens werden diese Informationen klarer, wenn man die Karten für eine Traumreise benutzt, sich also vorstellt, innerlich durch die Karten wie durch eine Tür zu gehen und dann zu schauen, was man hinter diesen Karten findet.

Bei der Astrologie wird eine Erklärung mithilfe der Telepathie schon schwieriger, da der Stand der Planeten ja bereits feststeht, von dem man z.B. die Beschreibung des Charakters eines Menschen, also sein Horoskop ableiten kann.

Es gibt bei der Astrologie denselben Zusammenhang wie beim Tarotkarten-Legen, aber der Mensch ist dabei nicht mehr der „aktive Telepath". Stattdessen ist schon ein System von Analogien vorhanden, das alles beschreibt: der Charakter des Menschen entspricht dem Planetenstand zum Zeitpunkt seiner Geburt.

Ist diese Analogie zwischen Charakter und Planetenstand etwas anderes als Telepathie? Ihre Ähnlichkeit mit dem Tarotkarten-Legen ist groß und auch mit den Traumreisen: Man beschafft sich Informationen, ohne einen direkten, materiellen Zugriff auf die Informationsquelle zu haben.

Wenn man Telepathie einfach als Informationsaustausch zwischen einem Menschen und etwas anderem beschreibt, fallen sowohl Telepathie als auch das Kartenlegen und die Astrologie unter diese Definition.

Die Sache ist jedoch noch komplexer, da man mithilfe der Astrologie auch den Charakter eines Unternehmens (Gründungs-Horoskop) beschreiben kann und auch das Wetter sehr langfristig vorhersagen kann („Hundertjähriger Kalender" u.ä.).

Diese Zusammenhänge lassen ein Modell, das nicht um den Menschen und seine Telepathie zentriert ist, sinnvoll erscheinen – also das Modell von einer Vielfalt von nicht-materiellen Zusammenhängen zwischen allen Dingen, die im Zusammenhang mit dem Menschen dann als Telepathie erscheinen.

Mir ist vor einigen Jahren eine Frau sehr sympathisch gewesen – leider war sie schon in einer Beziehung. Ich habe mich gefragt, was passiert, wenn ich mich weniger zurückhalten würde. Zu der Zeit stand ich in auf einer Wiese am Waldrand bei einem Erd-Kunstwerk, das die beiden errichtet hatten (sie sind Bildhauer).

Als ich mir diese Frage gestellt habe, zog es mich sehr nachdrücklich zu einem ca. 3m tiefen Graben, durch den bei größeren Regenfällen das Wasser aus dem Wald in das Tal hinab abfloß. Ich bin in diesen Graben hinuntergeklettert und fand dort drei Pfeile: zwei gleich nebeneinander auf der Bachseite, auf der auch das Erd-Kunstwerk stand, und ein anders aussehender Pfeil auf der anderen Bachseite, dem die Spitze fehlte und bei dem die Kerbe für die Sehne halb angebrochen war.

Das Omen war nicht schwer zu verstehen: Der Mann war Sternzeichen Schütze, also bezog sich das Pfeile-Omen primär auf ihn – er hat symbolisch die Pfeile geschossen. Die beiden gleichen Pfeile steckten auf der Kunstwerk-Seite des Baches in der Erde, also waren sie das Paar. Der dritte Pfeil war ich – auf der anderen Bachseite, also von ihnen getrennt. Meinem Pfeil fehlt die Spitze – impotent? Meinem Pfeil fehlt die halbe Kerbe für die Bogensehne – handlungsunfähig …

Kann man sich ein deutlicheres Zeichen wünschen?

Auch hier gibt es mehr als Telepathie. Ich habe nach einer Antwort gefragt, aber sie kam nicht als Gedanke oder inneres Bild, sondern als äußeres Bild. Dieses äußere und sehr markante Bild war jedoch schon da, bevor ich meine Frage gestellt habe. Auch dieses Erlebnis läßt sich einfacher mit einem Modell eines „allgemeinen Netzes von Zusammenhängen zwischen allen Dingen" erklären als durch ein Modell von schlichter Telepathie zwischen zwei Menschen.

Zudem scheint sich in diesem Fall die Telepathie nicht nur räumlich auszubreiten, sondern auch zeitlich – die Pfeile wurden von jemandem abgeschossen und nicht wiedergefunden bevor ich meine Frage gestellt und daraufhin die Pfeile gefunden habe.

4. c) Telekinese

In einem früheren Kapitel habe ich schon über das Erlebnis meines Großvaters mit der Heilerin berichtet, die ein Huhn am rupfen war, dessen Federn dann alle zu meinem Großvater flogen, als er bei der Heilerin eingetreten ist.

Wenn man sich einmal umhört, sind solche Vorgänge gar nicht so sehr selten und exotisch.

Ein sehr eindrückliches Erlebnis hatte ich einmal mit meinem Zauberlehrer, der in seinem Zimmer einen Dämon beschwören wollte. Der Dämon kam zwar bei dieser Beschwörung (im Gegensatz zu anderen Beschwörungen) nicht, aber dafür schlug etwas Unsichtbares gegen eine Kerze an einem Kerzenhalter an der Wand, woraufhin diese Kerze quer durchs Zimmer flog.

Man muß allerdings keine Dämonen beschwören, um Telekinese erleben zu können. Es gibt auch einen einfachen Versuch, den jeder durchführen kann und zu dem man auch im Internet etliche Videos unter „Telekinese Papierkreisel" finden kann.

Der Versuchsaufbau ist recht einfach:

Man nimmt ein kleines Stückchen Pappe als Fundament und steckt eine Nadel hindurch, sodaß die Spitze nach oben ragt.

Dann schneidet man ein quadratisches Stückchen Papier mit einer Seitenlänge von 5-6cm Länge aus einer Papierart mit harter Oberfläche aus – die harte Oberfläche erkennt man daran, daß auf der Packung „oberflächengeleimt" steht oder daran, daß das Papier glänzt; manchmal ist auch die eine Seite eines Papier glänzend und die andere matt. Die glatte, harte, glänzende Oberfläche des Papiers verringert noch weiter die ohnehin schon geringe Reibung des Papiers auf der Nadelspitze.

Nun wird das Papier viermal so gefaltet und wieder glattgestrichen, daß vier Falten entstehen – zwei Diagonalen und die beiden dazwischenliegenden „Seitenmittenverbindenden". Es ergibt sich also ein achtstrahliger Stern. Nun faltet man dabei an den Diagonalen das Papier nach unten und an den „Seitenmittenverbindenden" das Papier nach oben. Nun kann man das Papier durch ein wenig Knicken zu einem flachen Stern falten, der an den

Diagonalen einen Grat nach oben hat und an den „Seiten-mittenverbindenden" ein Tal nach unten hat.

Nun wird das Papier mit seiner Mitte auf die Nadelspitze gelegt, wobei man durch leichtes Anstoßen prüfen sollte, ob es stockt oder ob es sich mühelos dreht.

Nun hält man seine Hände neben das Papierrädchen und stellt sich vor, daß sich das Rädchen dreht. Die übliche Drehrichtung ist in Richtung Fingerspitzen. Daher sollte man die rechte Hand mit den Fingerspitzen nach links hinter das Rädchen legen und die linke Hand mit den Fingerspitzen nach rechts vor das Rädchen – die Fingerspitzen weisen nun beide entgegen dem Uhrzeigersinn. Dasselbe kann man natürlich auch mit umgekehrter Handhaltung im Uhrzeigersinn machen.

Es ist zu empfehlen, diesen Versuch selber durchzuführen, um das Drehen selber zu erleben und nicht nur in einem Buch zu lesen oder in einem Video zu sehen, daß das möglich ist.

Dieser Versuch zeigt deutlich, daß das, was man bei der Erforschung der Telepathie findet, mehr als nur Telepathie ist – es ist nicht nur eine „Wahrnehmung ohne physischen Kontakt" möglich, sondern auch eine „Wirkung ohne physischen Kontakt".

Der Hintergrund der Telepathie wird somit immer größer und umfassender – die Telepathie ist kein isoliertes Phänomen, sonder ein einzelnes Phänomen, das innerhalb eines viel größeren, komplexen Netzes von nicht-physikalischen Zusammenhängen auftritt.

Telekinese ist natürlich dann am einfachsten, wenn mit der Telekinese nur eine sehr kleine Masse bewegt werden muß, also nur eine sehr kleine Kraft aufgewendet werden muß, damit sich eine Wirkung zeigt – wie die z.B. die elektrischen Ladungen in Computern.

Das macht PCs recht anfällig für die Stimmungen ihrer Benutzer …

So wie sich die Telepathie mehrere Menschen z.B. auf Traumreisen koordnieren läßt, läßt sich auch die Telekinese mehrerer Menschen z.B. bei dem Papierrädchen-Experiment koordinieren.

Möglicherweise gibt es ungewollte Fälle einer Koordinationen von Telepathie und/oder Telekinese:

Als ich einmal Reiseführer in Ägypten gewesen bin, habe ich meinen Sohn mitgenommen. Im Horus-Tempel von Edfu haben wir uns beide so gestellt, daß wir mit dem Sockel der Horus-Statue (die jedoch nicht mehr dort stand) ein gleichseitiges Dreieck gebildet haben, und haben uns beide auf Horus konzentriert. Als eine Frau durch dieses Dreieck gegangen ist, ist sie ohnmächtig umgefallen, als sie in der Mitte dieses Dreiecks angekommen ist.

Ich weiß natürlich nicht, ob das wirklich an der Energie von David und mir und evtl. auch von Horus gelegen hat, aber die Ohnmacht der Frau war schon ein ziemlich markantes Ereignis – und David und ich haben bei der Anrufung des Horus ziemlich viel Energie gespürt.

4. d) Astralreise

Die Astralreise ist das älteste und wichtigste religiöse Erlebnis, das letztlich sogar die Religion hat entstehen lassen.

Bei einer Astralreise verläßt man den eigenen physischen Körper und schwebt über ihm und kann sich weitgehend frei bewegen, durch Mauern gehen, sich alles anschauen usw. Dabei hat man zwar keinen materiellen Körper, aber manchmal noch ein Körpergefühl, das sich allerdings von dem normalen Körpergefühl unterscheidet.

Solche Astralreisen treten am häufigsten in lebensgefährlichen Situationen auf, in denen man kein Entkommen mehr sehen kann – ein sogenanntes „Nahtod-Erlebnis".

Diese Astralreisen sind schon in den Höhlenmalereien dargestellt worden und auch in den meisten alten Kulturen. Wegen diesem „Schweben" des Astralkörpers ist die Seele weltweit einem Vogel verglichen worden und daher als Vogel, Vogel mit Menschenkopf, Mensch mit Vogelkopf, Mensch mit Federkleid, Mensch mit Flügeln (Engel) usw. dargestellt worden.

Durch das Erlebnis der Astralreise bei einem Nahtod wußten die Menschen schon in der Steinzeit, daß es mehr gibt als nur den physischen Körper. Dadurch entstand das Bild des Seelenvogels, dann das Jenseits mit den Seelen der Toten, die Jenseitsreise der Schamanen, der Totenkult, die Götter usw.

Es gibt Astralreisen natürlich nicht nur bei Nahtod-Erlebnissen – dort sind sie nur besonders häufig. Es gibt auch Menschen, die von ihrer Kindheit an schon immer ihren Körper verlassen konnten. Und man kann Astralreisen auch ohne Todesgefahr-Situationen erlernen.

Die Astralreise ist eines der Erlebnisse, die erst dann eine Wirkung auf die eigene Vorstellung über die Welt haben, wenn man sie selber erlebt hat. Man kann sie auch gezielt erleben, aber die Anleitungen dazu würden ein eigenes Buch füllen.

Die Astralreise zeigt, daß man mit seinem Bewußtsein oder zumindestens mit seiner Wahrnehmung den eigenen Körper verlassen kann. Bei diesem Vorgang braucht man keinen Monitor mehr und nimmt auch nicht mehr nur diffus und unscharf telepathisch empfangene Gedanken wahr, sondern befindet sich mit seinem Bewußtsein in der telepathischen Wahrnehmung. Man kann mit seinem Astralkörper in den

Nachbarraum gehen und sich dort umschauen.

Dieser Astralkörper ist offenbar das, was telepathisch wahrnimmt. Wen man mit ihm den eigenen Körper verläßt, kann man sich anschauen, was auf dem Tisch im Nachbarzimmer steht – man könnte das dann auch als vollbewußte, souveräne Telepathie bezeichnen.

Dieser Astralkörper scheint auch mit dem Unterbewußtsein zusammenzuhängen – zumindestens ist er im Normalfall genauso unterbewußt wie das „Organ", das die telepathischen Informationen empfängt. Ob der Astralkörper und das Unterbewußtsein miteinander identisch sind, ist zunächst einmal nicht sicher, aber sie sind zumindestens auf derselben Ebene – vom Bewußtsein her gesehen auf der normalerweise unbewußten Ebene.

Bei der Telepathie empfängt man eine Information aus dieser Ebene, bei der Traumreise geht man bewußt in diese Ebene und sucht dort nach einer Information, und bei der Astralreise ist man ganz bewußt auf dieser Ebene wahrnehmungs- und handlungsfähig.

Bei einer Traumreise befindet man sich in einer Bilderwelt, die den Träumen ähnelt, aber auf der man konkrete, zutreffende Informationen erlangen kann – so wie auch Träume sehr präzise sind, wenn man gelernt hat, ihre Bilder zu verstehen.

Bei einer Astralreise nimmt man hingegen die Welt wie mit den physischen Sinnen wahr.

Bei einer Traumreise sendet man seine Wahrnehmungsfähigkeit aus bzw. erweitert sie, aber bleibt mit seinem Bewußtsein in seinem eigenen Körper – bei der Astralreise verläßt man mit seinem Bewußtsein und mit seiner Wahrnehmungsfähigkeit den eigenen Körper und geht an einen Ort, den man sich dann anschauen kann.

Die Perspektiven bei einer Traumreise und bei einer Astralreise ist folglich verschieden. Man könnte als Arbeitshypothese sagen, daß man bei der Traumreise die Dinge „von innen her" und „aus der Ferne" betrachtet und bei der Astralreise „von außen her" und „aus der Nähe". Bei der Traumreise bleibt man in seinem Körper – bei der Astralreise verläßt man ihn.

4. e) Magie

Der gesamte Bereich der Magie ist zu groß, um ihn hier darzustellen. Stark vereinfacht gesagt, ist die Magie die Fähigkeit, etwas auf eine Weise zu wünschen, die die Erfüllung dieser Wünsche bewirkt.

Dafür gibt es viele Regeln und Hilfsmittel, die von positivem Denken über Amulette, Talismane, Symbole, Opfer und Rituale bis hin zu der Anrufungen von Gottheiten reicht.

Letztlich ist Magie nichts anderes als das fast absichtslose Wünschen, das schon in einem früheren Kapitel beschrieben worden ist (Fahrrad gewünscht). Die Absichtslosigkeit, die Gelassenheit, die Entspanntheit und das Vertrauen sind das, was die Wunscherfüllung bewirkt.

4. f) Poltergeister

Poltergeister sind eine sehr spezielle und eindrückliche Form der Telekinese und gehören daher auch in den Randbereich der Telepathie.

Als ich ungefähr 23 Jahre alt gewesen bin, saß ich einmal alleine im Haus meiner Eltern in meinem Zimmer, als ich Schritte gehört habe, die auf unsere Haustür zugingen. Plötzlich fiel mir auf, das ich das noch nie vorher gehört hatte. Dann öffnete jemand die Haustür ohne einen Schlüssel zu benutzen, obwohl ich wußte, daß die Türe verschlossen war, und kam die Treppe herauf – ein mir unbekannter, etwas schwerfälliger Männerschritt. Mir standen die Haare zu Berge …
Dann blieb er einen Augenblick vor meiner Türe stehen und ging dann gegenüber in das Zimmer meiner Schwester – wieder ohne aufzuschließen. Also habe ich meinen Mut zusammengenommen und habe nachgeschaut, ob das Zimmer meiner Schwestern wirklich abgeschlossen war – war es. Ich habe den Schlüssel geholt und das Zimmer durchsucht – niemand da. Als meine Eltern und meine Geschwister zurückkamen, habe ich ihnen nichts davon gesagt.
Einige Tage später fingen jedoch meine Geschwister an zu erzählen, daß sie immer wieder jemanden die Treppe hinauflaufen gehört haben. Da habe ich mein Erlebnis auch erzählt. Das ging ungefähr ein Dreivierteljahr so und wir habe uns nach einer Weile an „ihn" gewöhnt.
Manchmal kam „er" auch, wenn Besuch da war. Wenn der Besuch dann frug, wer da die Treppe hinaufläuft, haben wir geantwortet „Ach, das ist nur unser Poltergeist."
Ein bißchen störend war, daß der Poltergeist manchmal in der Nacht (unsichtbar) neben dem Bett einer meiner Schwestern gestanden hat und ihr etwas erzählt hat – das stört den Schlaf dann doch schon ein wenig …
Lediglich mein Vater hielt das alles für völligen Quatsch und hat ziemlich über uns geschimpft. Wie man mir erzählt hat, saßen die anderen eines Sonntagsmorgens beim Frühstück zusammen, als in meinem Zimmer einer gewaltiger Lärm losbrach – so als ob ich mit einer Axt alle Möbel kleinschlagen würde. Mein Vater ist wütend zu meinem Zimmer hochgestampft, das über dem Wohnzimmer lag, in dem gerade alle am Essen waren, aber kam dann kurz darauf ziemlich kleinlaut wieder runter und sagte, daß da oben niemand sei – ich bin garnicht zuhause gewesen. Ab da hat auch

mein Vater an den Poltergeist geglaubt.

Vermutlich kann man Poltergeister am ehesten als den Astralkörper eines Verstorbenen auffassen – vielleicht jedoch auch als den eines Lebenden. Möglicherweise gibt es auch mehrere mögliche Ursachen für dieses Phänomen.

Ob die Gesprächsversuche des Poltergeistes mit einer meiner Schwestern tatsächlich äußerlich-akustisch waren oder ob sie telepathisch stattgefunden haben, läßt sich nicht klar entscheiden. Das „Poltern", also das Laufen auf der Treppe, war jedoch entweder für alle, die es gehört haben, akustisch-normal oder so intensiv und realitätsnah telepathisch, daß niemand den Unterschied zum normalen Hören bemerkt hat.

Anfangs konnte ich normale Wahrnehmungen und telepathische Wahrnehmungen manchmal auch nicht klar unterscheiden. So habe ich z.B. einmal, als ich zu meinem Zauberlehrer zu seinem Haus im Wald gegangen bin, ihn laut rufen hören, aber habe ihn nirgendwo sehen können. Als ich dann bei ihm ankam, hat er mir gesagt, daß er sich auf mich konzentriert hätte um mir abzusagen, da er schon zu viel getrunken hatte, um noch zu experimentieren.

Daraufhin habe ich dann nach einer Möglichkeit gesucht, telepathisch empfangene Gedanken von eigenen Gedanken und von äußeren Worten zu unterscheiden. Ich habe auch recht schnell eine Möglichkeit gefunden:

Telepathisch empfangene Gedanken haben in mir keine Wurzeln, ich kann nicht sehen, wo sie herkommen – einen eigenen Gedanken kann ich hingegen immer zumindestens ein kleines Stück weit zurückverfolgen.

Das äußere Hören ist distanziert, man nimmt etwas Neues, Fremdes im außen wahr – das innere Hören fühlt sich an, als ob man etwas Vertrautes, Bekanntes finden würde, obwohl es auch neu ist, denn es befindet sich ja bei seiner Wahrnehmung (wie eine Erinnerung) bereits im eigenen Inneren.

Mit etwas Übung wurde die Unterscheidung zwischen eigenen Gedanken, telepathisch empfangenen Gedanken und äußerlich gesprochenen Worten recht einfach und ziemlich zuverlässig.

4. g) Homöopathie

Bei der Homöopathie geschieht eigentlich etwas Merkwürdiges: Man vermischt eine Substanz immer weiter mit Milchzucker bis schließlich so gut wie nichts mehr von der Ausgangssubstanz in dem Gemisch enthalten ist. Dann gibt man etwas von diesem speziellen Milchzucker einem Menschen, der ein Leiden hat, das bei einem Gesunden durch eben dieses Milchzuckergemisch hervorgerufen werden würde.

Man kann zumindestens sagen, daß die Substanz, die man mit den großen Mengen von Milchzucker vermischt hat, nicht das ist, was in dem homöopathischen Mittel wirksam ist. Es ist eher die Information über diese Substanz, die sich noch in dem Milchzucker dieses Mittels befindet, die wirkt.

Dieses Verhältnis von Ausgangssubstanz zu dem Milchzuckergemisch erinnert sehr an das Verhältnis zwischen Wachbewußtsein und Unterbewußtsein und noch mehr an das Verhältnis zwischen physischem Körper und Astralkörper: In dem homöopathischen Mittel befindet sich nur noch der Astralkörper der Ausgangssubstanz. Da der Astralkörper der „Ort" oder der „Leib" der Telepathie ist, kann auch der Milchzucker, an dem noch der Astralkörper der Ausgangssubstanz haftet, telepathisch dem Patienten die Information geben, die er benötigt. Homöopathie ist also telepathische Heilung.

Die Telepathie taucht in der Homöopathie noch an einer anderen Stelle auf: Wenn ein Patient den Homöopathen um ein Heilmittel bittet, beginnt das Heilmittel nicht erst dann zu wirken, wenn der Patient es einnimmt, sondern dann, wenn der Homöopath entschieden hat, welches Mittel der Patient erhält.

Das habe ich schon selber mehrfach erlebt, wenn mir mein Freund Jörg, der Homöopath ist, ein Mittel ausgesucht hat.

Die Telepathie geht in der Homöopathie sogar noch weiter. Ein Homöopathie-Schüler ist einst in Südamerika erkrankt und konnte sich nicht helfen. Bei einem Telefonat mit seinem Lehrer hat dieser ihm gesagt, welches homöopathische Mittel er nehmen soll. Dem Schüler war es jedoch unmöglich, in Südamerika in der abgelegenen Gegend, in der er war, dieses Mittel zu erhalten.

Bei einem zweiten Anruf hat der Lehrer ihm dann gesagt, daß er den Namen des Mittels auf einen Zettel schreiben soll, dann Wasser über diesen Zettel gießen und anschließend dieses Wasser trinken soll. Das hat genausogut wie das Mittel selber gewirkt – es geht offenbar bei dem Einnehmen der Kügelchen nicht um die Einnahme einer Substanz, sondern darum, sich durch einen Entschluß und durch eine Tat mit dem Astralkörper dieser Substanz zu verbinden.

Bei dem vorigen Beispiel, bei dem die Wirkung in dem Augenblick einsetzt, in dem der Homöopath sich für ein Mittel entschieden hat, ist die Absicht des Patienten, dieses Mittel auch einzunehmen, sobald er es erhält, der „Vertrag" mit dem Astralkörper dieses Mittels.

Die Methode „Wasser über Zettel gießen" ist schon mindestens 4000 Jahre alt. In den Dörfern im alten Ägypten stand auf dem Dorfplatz oder bei dem Tempel eine Statue des jungen Falkengottes Horus, der mit dem einem Fuß auf einer Schlange oder einem Krokodil und mit dem anderen auf einem Skorpion stand. Diese Gruppe stand in der Mitte eines kleines Beckens mit einem Ausguß.

Wenn nun jemand von einem Skorpion oder einer Schlange gebissen wurde, bestand die Heilung im Wesentlichen darin, Wasser über diese Statue zu gießen, es vor dem Ausguß mit einem Becher aufzufangen und dieses Wasser dann dem Gebissenen zu trinken zu geben – dann wurde der Gebissene genauso geheilt, wie die Göttin Isis ihren Sohn Horus von solchen Bissen geheilt hat.

Bis ins Mittelalter hinein ist es im Christentum üblich gewesen, bei Krankheiten aus den Schädelschalen der Heilgen, die die Menschen vor der betreffenden Krankheit geschützt haben, Wasser zu trinken. Dieser Brauch ist auch von den Germanen, den Tibetern, den jungsteinzeitlichen Jägern in Großbritannien u.a. bekannt.

Für das heutige Gefühl ist diese Methode, bei der der Kranke durch eine telepathische („magische") Verbindung zu einem heilenden Heiligen geheilt wird, möglicherweise arg rustikal …

4. h)   Materialisationen

Materialisierungen sind vermutlich das magische Phänomen, das am heftigsten an dem heute meistens üblichen naturwissenschaftlichen Weltbild rütteln kann.

Bei spiritistischen Sitzungen sind Materialisierungen ein recht häufiges Phänomen – meistens erscheinen auf dem Tisch zwischen den Teilnehmern Schokoladetafeln und ähnliche ganz normale Dinge. Auch bei Wicca-Ritualen (Hexenkult) kommt es vor, daß plötzlich etwas auf dem Altar liegt, was vorher nicht dort gelegen hat.

Diese Geschichte über eine Materialisation beginnt damit, daß ich auf der kanarischen Insel La Palma gewandert bin und das Bedürfnis bekommen hatte, mal wieder eine Halskette zu tragen. Ich habe mich gefragt, welche Kette die richtige wäre – der Kettenanhänger müßte mein eigenes Wesen widerspiegeln und sie müßte aus Gold sein und der Kettenanhänger sollte nicht allzugroß sein.

Als ich an den Strand gekommen bin, habe ich mich auf einen Felsen gesetzt, der gut einen Meter hoch war und an den unten manchmal die Wellen anschlugen. Nachdem ich dort so eine Weile gesessen hatte, kam auf einmal eine hohe Welle, die bis zu mir heraufwogte. Da sah ich in der Gischt auf dem Felsen zwischen meinen Füßen etwas Goldenes blinken und habe schnell zugegriffen.

Es war eine goldene, kunstvoll gedrehte Kette mit einem goldenen Christus als Anhänger, der seine Arme wie bei einer Anrufung erhoben hatte – er hing jedoch nicht am Kreuz (was ich überhaupt nicht mag). Ich wußte nicht mehr, was ich sagen sollte, als mir klar wurde, daß ich da genau die Kette in meinem Händen hielt, die ich mir kurz vorher gewünscht hatte – und daß das Meer sie mir mit einer hohen Woge zugeworfen hatte …

Als ich wenig später meine Freundin angerufen habe, hat sie mir erzählt, daß sie zu derselben Zeit, zu der ich die Kette gefunden habe, in einem Antiquitätenladen spontan ein großes Wandbild von Christus gekauft hat – und Christus ist sonst nie ein großes Thema in unseren Gesprächen gewesen.

Ca. ein Jahr später habe ich eine größere Krise gehabt und habe mich gefragt, wie es jetzt nur weitergehen soll. Schließlich bin ich zu dem Schluß gekommen, daß ich wirklich restlos alles loslassen muß, damit sich das, was ich eigentlich bin, zeigen kann. Zu der Zeit bin ich in Offenburg bei der eben genannten Freundin zu Besuch gewesen.

Ich stand gerade an einem Kreisel in der Mitte einer Kreuzung, wobei dieser Kreisel als Fußgängerüberweg eingerichtet gewesen ist – man konnte von allen Seiten her in die Mitte gehen und von dort aus dann dorthin, wo man hinwollte. Dieser kleine kreisförmige Platz in der Mitte des Kreisels ist ringsum von ungefähr acht etwa mannshohen aufrechten Steinen umgeben – ein „Mini-Stonehenge". Da bin ich zu einem dieser Steine gegangen und habe mich vor ihn hingehockt und habe meine goldene Christus-Kette aus La Palma und meine silberne Drachen-Kette, die ich damals beide ständig getragen habe, ausgezogen und vor den Stein auf die Erde gelegt und gesagt: „Für den, für den sie bestimmt sind." Dann habe ich sie noch kurz angeschaut und bin dann fortgegangen.

Ca. drei Monate später bin ich von Freiburg nach Bonn unterwegs gewesen und hatte auf dem Bahnhof von Offenburg eineinhalb Stunden Aufenthalt. Irgendetwas zog mich zu dem Steinkreis-Kreisel und obwohl ich mir gesagt habe, daß es albern und sentimental ist, an meine beiden Ketten zu denken, bin ich dem Impuls gefolgt und bin dorthin gegangen. Als ich dort ankam, habe ich mich vor den Stein gehockt, an dem ich meine beiden Ketten niedergelegt hatte. Natürlich waren sie nicht mehr da – Gold und Silber bleiben auf einem belebten öffentlichen Platz nicht lange liegen …

Ich war ein bißchen traurig darüber, daß ich die beiden Ketten nicht mehr hatte. Als ich dann aufstehen und wieder gehen wollte, habe ich noch einmal an den Fuß des Steins geschaut – und auf einmal lagen dort wieder meine beiden Ketten. Ich kann kaum beschreiben, wie sich das angefühlt hat. Das war eigentlich nicht möglich – das war wirklich Magie oder etwas noch größeres.

Entweder hatten sich die beiden Ketten gerade wieder materialisiert (und vorher „entmaterialisiert") oder die beiden Ketten sind drei Monate lang unsichtbar gewesen. Die Materialisierung erscheint mir wahrscheinlicher, da der Platz sehr sauber war und offensichtlich regelmäßig gekehrt und alles Unkraut u.ä. entfernt worden ist.

Bei der Materialisation geschieht offenbar etwas, das deutlich über Telepathie und Telekinese hinausgeht, aber zu demselben Bereich gehört. Dieses Phänomen habe ich in meinem Buch „Die Magie-Formel" genauer untersucht.

4. i)   Das ABC des Zauberlehrlings

Wie schon Goethe in seinem Gedicht „Der Zauberlehrling" beschrieben hat, ist es problematisch, nur einen Teil des gesamten Wissens zu einem Thema zu lernen. Das ist auch bei der realen Magie der Fall. Es ist z.B. sinnvoll, in ungefähr gleichem Maße die Wahrnehmungsfähigkeit und Handlungsfähigkeit zu entwickeln.

Wenn man telepathisch sehr viel wahrnehmen kann und z.B. alle Gefühle der Menschen um einen herum spüren kann, wird man von diesen Gefühlen überschwemmt und kann vollkommen hilflos und sogar arbeitsunfähig werden. Es wird also die Handlungsfähigkeit gebraucht, was hier bedeutet, daß man eine wirkungsvolle Grenze zwischen Innen und Außen ziehen kann. Daher erlernt man als Zauberlehrling zunächst einmal, einen Schutzkreis herzustellen – z.B. mit dem Kleinen Pentagramm-Ritual.

Es gibt auch den umgekehrten Fall des Magiers, der sich nur darum gekümmert hat, immer mehr Macht zu bekommen, immer wirkungsvoller wünschen zu können, jeden nach Belieben hypnotisieren zu können usw. Hier besteht die Gefahr, daß der Betreffende nebenbei viele Wirkungen hervorruft, die er garnicht erreichen wollte – einfach weil er zwar viel tut, aber wenig sieht. Hier wäre eine etwas klarere Wahrnehmung hilfreich, die es ermöglicht, beim Gehen die Tür und nicht die Wand zu treffen.

Es ist generell sinnvoll, ein Gleichgewicht zwischen Verbindung und Abgrenzung zu finden. Wenn man z.B. als Berater tätig ist, ist es sinnvoll, stets imaginativ einen Tisch zwischen sich und dem Ratsuchenden stehen zu haben und alles, was der Ratsuchende sagt, auf diesen Tisch zu legen – statt es in sich selber hinein zu lassen.

Telepathie ist nicht nur ein Austausch von Informationen – er ist auch ein Austausch von Lebenskraft. Das läßt sich vermutlich wieder am besten an einem Beispiel erklären:

Mir ist bei meinen Besuchen bei meinem Zauberlehrer nach einiger Zeit aufgefallen, daß er ab 22.30Uhr anfing, müde zu werden, während ich immer munterer wurde. Das hat mich gewundert, aber ich habe mir nichts weiter dabei gedacht.

Nach einigen Wochen ist jedoch etwas Merkwürdiges geschehen. Es war wieder einmal ca. 22.30Uhr und mein Zauberlehrer wurde wie üblich müde. Da bekam ich auf einmal ein heftiges Verlangen nach einer Flasche Bier und bin fast schon aufgestanden, um mir eine Flasche zu nehmen, die auf dem Regal stand. Doch da fiel mir auf, daß ich überhaupt gar kein Bier mag und nie Alkohol trinke, weil ich weder den Geschmack noch die Wirkung mag.

Da habe ich beide Phänomene kombiniert – offenbar habe ich meinem Lehrer Lebenskraft abgezogen, wodurch dieser müde und ich munter wurde, und mit seiner Lebenskraft habe ich natürlich auch seinen Alkoholismus aufgenommen und habe plötzlich Verlangen nach Bier gehabt. Dieses Verlangen kann ja echt heftig sein … das hatte ich vorher noch nicht gewußt.

Das ist dasselbe Phänomen wie bei der Homöopathie: Ich nehme etwas von dem Astralkörper des anderen auf, was ich hier der Einfachheit halber einmal „Lebenskraft" nenne, und übernehme damit auch die Eigenschaften dieses Astralkörpers. Im Falle der Homöopathie ist diese Wirkung erwünscht, im Falle des Alkoholismus war sie eher unerfreulich – sie hatte zum Glück keinerlei dauerhafte Wirkung.

Ich habe dann auch recht schnell gelernt, nicht mehr unbewußt Lebenskraft zu saugen – seitdem bin ich kein Energie-Vampir mehr. Mein Zauberlehrer und ich hatten seitdem auch immer um ungefähr dieselbe Zeit das Gefühl, das es für heute genug ist.

Diesen „Vampir-Effekt" kann man an vielen Stellen beobachten: Wenn in einem Gespräch einer dominant ist und die meiste Zeit spricht, wird er immer kraftvoller und die anderen immer müder. Dieser Effekt zeigt sich auch, wenn sich einer durchsetzt und die anderen nachgeben: Das Engagement bei dem Thema und seine emotionale Wichtigkeit bestimmen, wieviel Lebenskraft die Beteiligten als Einsatz in den Streit geben – und der Gewinner des Streites erhält die gesamte Lebenskraft, den gesamten Einsatz aller Beteiligten. Man kann dies an der Art des Strahlens des Gewinners sehen …

4. j) Zusammenfassung

Die Randbereiche der Telepathie zeigen, daß die Telepathie nur ein einzelnes Phänomen in einem viel umfassenderen Gewebe von Zusammenhängen und Wirkungen ist.

Omen und Orakel zeigen als Bild die Antwort auf die Frage, die man telepathisch gestellt hat.

Wünsche haben Wirkungen, was systematisch in der Magie angewandt wird.

Bei der Telekinese und bei Poltergeist-Erscheinungen tritt eine physikalische Wirkung einer nicht-physikalischen Ursache auf.

Bei der Materialisierung entsteht aufgrund eines Wunsches o.ä. sogar Materie bzw. erscheint die Materie spontan an einem Ort

Bei der Astralreise ist das Wachbewußtsein an den Teil des eigenen Wesens gelangt, von dem die Telepathie ausgeht.

In der Homöopathie entsteht eine telepathische Bindung an eine Substanz im Außen (Heilmittel) bzw. wird ein Teil des Astralkörpers dieser Substanz in den eigenen Astralkörper aufgenommen. Auch der „Lebenskraft-Vampirismus" läßt sich als der „Raub" eines Teiles des Astralkörpers („Lebenskraft") eines anderen auffassen.

5. Der Inhalt der „telepathischen Sendung"

Die bisher betrachteten Phänomene zeigen deutlich, daß bei der Telepathie nicht nur Gedanken übertragen werden:

Es können Gedanken, Bilder und Gefühle gesendet und empfangen werden;

es kann einem anderen „Lebenskraft" entzogen werden (Sieg im Streit; jemanden in eine Rolle drängen);

es können auch Gefühle und Bedürfnisse übertragen werden (Durst auf Bier);

es kann telepathisch Willen ausgeübt werden (Hypnose);

es kann telepathisch ein Ereignis herbeigerufen werden (Erfüllung eines Wunsches; ein Omen als Antwort auf eine Frage erhalten).

Mithilfe der Telepathie kann also das ganze Spektrum der psychischen Regungen ausgesandt und empfangen werden: Gedanken, Bilder, Gefühle, Bedürfnisse (Bier-Beispiel), Willen und Lebenskraft (Teile des Astralkörpers).

Bei der Telepathie wird eine Verbindung zu einem anderen Menschen oder zu etwas anderem geschaffen, die alle Elemente enthält, die in der Psyche vorkommen – die Psyche des einen wird also mit der Psyche eines anderen oder mit der „Psyche" von etwas anderem (z.B. bei der Homöopathie) verbunden.

Den Bereich, den man als „Psyche" beschreibt und auch den Bereich, der zur Telepathie fähig ist, kann man direkt bei der Astralreise als Astralkörper wahrnehmen. Die Vorgänge bei der Telepathie lassen sich folglich am elegantesten als Kontakte von zwei Astralkörpern beschreiben.

Wie die in den früheren Kapiteln angeführten Beispiele zeigen, kann dieser Astralkörper-Kontakt nicht nur zu Wahrnehmungen, sondern auch zu Wirkungen führen: Telekinese.

Vereinfacht gesagt kann man diese Wirkungen als Ausweitung des eigenen Astralkörpers auf den physischen Körper bzw. den Astralkörper eines anderen auffassen, wodurch derjenige, der seinen Astralkörper ausgedehnt hat, den physischen Leib dessen, auf den er sein Bewußtsein (Astralkörper) ausgedehnt hat, genauso lenken kann wie seinen eigenen Körper.

Diese Beschreibung entspricht genau dem Vorgang bei der Hypnose und auch dem Gefühl, das man hat, wenn man jemanden hypnotisiert.

Der Einfachheit halber wird im Folgenden die Substanz des Astralkörpers und daher auch die Substanz, aus denen die telepathischen Botschaften bestehen, „Lebenskraft" genannt.

6. spezielle Formen der Telepathie

Es gibt noch einige speziellere Formen der Telepathie, die bisher noch nicht beschrieben worden sind. Sie können das bisher Dargestellte noch weiter verdeutlichen und ergänzen.

6. a)   automatisches Schreiben

Das automatische Schreiben ist dem Pendeln sehr ähnlich. Der einzige Unterschied besteht darin, daß man mit dem Arm und der Hand nicht unbewußt ein Pendel bewegt, sondern einen Stift auf einem Blatt Papier. Sowohl das Pendel als auch der Stift sind ein „Monitor" für die telepathisch empfangen Botschaften.

Wenn man das automatische Schreiben erlernen will, setzt man sich am besten mit einem Stift in der Hand an einen Tisch und legt ein Blatt Papier vor sich. Dann setzt man die Stiftspitze auf das Papier und sagt seinem Arm, er solle schreiben. Vermutlich wird er anfangs nur zucken oder kritzeln, vielleicht auch eine Art „abstrakte Zeichnung" anfertigen. In der Regel fällt das automatische Schreiben leichter, wenn man zuvor erst einmal das Pendeln geübt hat – die benötigten Bewegungen des Armes und der Hand sind kleiner und weniger komplex …

Wenn man das automatische Schreiben eine Weile übt, können mehrere Dinge geschehen: die Hand beginnt zu schreiben oder man hört innerlich Worte oder man „spürt" wortlos eine Information.

Spätestens an diesem Punkt sollte man Fragen stellen, um ein Gespräch zu eröffnen. Manchmal kommt das automatische Schreiben auch erst dann in Gang, wenn man mit großem Nachdruck oder Leidensdruck eine Frage stellt, z.B. „Verdammt noch mal, was soll dieses komische Leben eigentlich!!??"

Die Gefühle sind sozusagen das Porto auf der telepathischen Botschaft …

Eine Variante des automatischen Schreibens ist das automatische Sprechen. Dabei stellt man sich selber eine Frage und hört dann zu, was man sich selber spontan antwortet. Auf diese Weise kann man sich auch an einzelne Organe oder Chakren im eigenen Inneren oder an Götter und Heilige wenden.

Pendeln, Traumreisen, automatisches Schreiben, automatisches Sprechen usw. sind alles zwar verschiedene Methoden, aber sie sind allesamt Hilfsmittel, um die Verbindung zwischen Wachbewußtsein und Unterbewußtsein/Astralkörper und somit auch zur Telepathie herzustellen. Mit etwas Übung hören diese Methoden nach einer Weile auf, klar abgegrenzte Methoden zu sein – man wird fähig, den Kontakt herzustellen und kann dabei eine beliebige Methode zu benutzen. Die Methode selber tritt in den Hintergrund und die Fähigkeit, diese Verbindung herzustellen, tritt in den Vordergrund.

Das automatische Sprechen wird in der Bibel als „in Zungen reden", also als Das Sprechen in verschiedenen Sprachen, die man nie gelernt hat, beschrieben. Einen ähnlichen Effekt habe ich auch schon erlebt und auch schon von anderen erzählt bekommen. Wenn man im Ausland ist und auf eine bestimmte „unfokussierte" Weise zuhört, scheint man den Inhalt der Worte, die man nicht versteht, telepathisch wahrzunehmen und in die eigene Sprache zu übersetzen.
Als ich das das erste mal erlebt habe, war ich ein wenig verwirrt (zwei Männer haben über mich gelästert), aber da ich dann auch von anderen gehört habe, daß sie soetwas schon erlebt hatten, fiel es mir leichter zu akzeptieren, daß es auch dieses merkwürdige Phänomen gibt.
Das „in Zungen reden" ist die Umkehrung dieses Vorgangs: Man zapft telepathisch die fremde Sprache an, übersetzt das, was man sagen will, in diese Sprache und spricht es dann aus. Das habe ich allerdings selber noch nicht erlebt. Ich habe lediglich einmal in Ägypten an dem See Birket Karun jemanden „in Zungen sprechen" hören – da ich und auch die anderen jedoch die Sprache nicht verstehen konnten, ließ sich nicht überprüfen, ob diese Sprache tatsächlich einen Inhalt hatte. Ich war mir lediglich recht sicher, daß es nicht Altägyptisch war.
Aus all dem ergibt sich, daß Telepathie nicht sprachgebunden ist. Telepathie übermittelt einen Inhalt, aber nicht konkrete Worte. Es gibt offenbar einen Übersetzungs-Mechanismus im Astralkörper, der Zugriff auf das Sprachzentrum und die „Datenbank" im Gehirn hat und daher die telepathische Information in die Sprache des Empfängers übersetzen kann. Beim „in Zungen Reden" scheint sogar der Redner das Sprachzentrum des Zuhörers anzapfen und dessen Wortschatz verwenden zu können.

6. b) die „Tarnkappe"

In einem früheren Kapitel habe ich schon von den Telepathie-Wettstreits mit meinem Sohn erzählt, der mich durch seine telepathische Konzentration dazu gebracht hat, auf die Frage nach der Hauptstadt von Australien „Sydney" zu sagen.
Wir haben mal ein ähnliches Spiel gemacht, als wir durch die Felder zum Bahnhof gegangen sind. David hat sich versteckt und ich habe ihn gesucht. Da bin ich auf die Idee gekommen, ihn telepathisch zu suchen – allerdings war David auch auf die Idee gekommen, sich telepathisch zu verbergen … Das hat die Sache aber letztlich

einfacher für mich gemacht: Ich brauchte nur nach dem Ort zu suchen, an dem mir eine Art Nebel den Blick verbarg und an den ich irgendwie nicht hinschauen sollte. Auf diese Weise habe ich David dann sofort gefunden.

Vor ein paar Jahren habe ich entdeckt, daß auch die germanischen Seher diesen Effekt kannten. In der „Saga über Hrolf Kraki und seine Berserker" wird beschrieben, daß ein Jarl (Graf) die beiden Söhne des Königs, der von einem Eroberer getötet worden war, auf seiner Insel versteckt hat. Damit niemand die Söhne findet, hat er einen Bann über die Insel gelegt – den jedoch die Zauberer-Seher des Eroberer-Königs bemerkt haben.

In der Saga heißt es darüber:

> *Da ließ er aus dem ganzen Land Seher herbeiholen – Zauberinnen und Zauberer – und befahl ihnen, das gesamte Land von vorne nach hinten, von links nach rechts, alle Inseln und alle fern draußen liegende Schären (Inseln) zu durchsuchen, aber sie konnten die beiden Söhne nicht finden.*

> *Da ließ er Zauberer herbeiholen, die alles sehen konnten, was sie wollten, und sie sagten ihm, daß die Jungen nirgendwo in dem Land aufgezogen würden, aber daß sie auch nicht weit fort seien.*

> *König Frodi sagte: „Wir haben sie weit und breit gesucht, daher ist es sehr unwahrscheinlich, daß sie in der Nähe sind, aber es gibt noch eine Insel, die nicht weit entfernt ist, wo wir uns keine besondere Mühe gegeben haben, weil dort niemand lebt – nun, niemand außer einem Bauern, einem armen Hungerleider."*

> *„Siehe zuerst dort nach," sprach der Galdr-Mann (Zauberer), „denn über dieser Insel liegt ein dichter Nebel und wir können nicht gut sehen, was rings um den Hof dieses Mannes liegt. Uns scheint, daß dieser Mann geschickt ist und daß er mehr ist, als er zu sein scheint."*

6. c) Bewußtseinsübertragung

Es gibt eine Menge von praktischen Anwendungen der Telepathie. Eine ist z.B. das Suchen nach verlorenen Dingen. Ich bin schon des öfteren um Hilfe bei verlorenen Haustürschlüsseln, Portemonnaies, Laptops u.ä. gefragt worden.

Die Methode, die dabei zumindestens für mich am effektivsten zu sein scheint, besteht darin, daß ich mir den Gegenstand beschreiben lasse und mir dann vorstelle, in diesen Gegenstand hineinzugehen, also mein Bewußtsein in diesen Gegenstand hineinzuversetzen.

Dann schaue ich mir als erstes an, wie die Umgebung dieses Gegenstandes aussieht

– Stoff?, Holz?, Erde?, staubig?, feucht? usw. Dann weite ich mein Bewußtsein ein Stückchen weiter aus und schaue, in welcher Umgebung sich das befindet, was den Gegenstand direkt umgibt. Dabei sehe ich dann z.B. eine Fußmatte in einem Auto hinter dem Fahrersitz (dort lag ein Portemonnaie) oder eine Tasche an einer Gitarrenhülle in einem Zimmer (dort lag ein Haustürschlüssel). Meistens reicht das schon aus, damit derjenige, der den Gegenstand verloren hat, weiß, wo er nachschauen muß.

Dieses Verfahren läßt sich auch anwenden, um z.B. den Fehler in einem Automotor zu finden. Man macht sozusagen eine Traumreise in den Motor des betreffenden Autos und schaut, ob man wackelige Stellen, Brüche o.ä. findet. Manchmal hilft es auch, sich den Motor in Betrieb vorzustellen und dann die Energieflüsse in ihm anzuschauen. Auf diese Weise habe ich einmal entdeckt, daß die Achse der Lichtmaschine abgenutzt war und deshalb geeiert hat und daher nicht mehr genügend Strom produzieren konnte.

Traumreisen können also einen sehr handfesten Nutzen haben …

Es gibt fast unbegrenzt viele Anwendungsmöglichkeiten für diese Formen der Telepathie. So hatte mal ein guter Bekannter von mir einen Termin bei einem Banker, das für meinen Bekannten sehr wichtig war. Ich habe ihm angeboten, ihm zu helfen, wenn er mir ein Photo dieses Bankers beschaffen kann. Ich habe dann dieses Photo benutzt, um den generellen Charakter des Bankers und seine Wertvorstellungen und seine Vorgehensweisen zu beschreiben. Das schien mir noch vertretbar und nicht zu grenzüberschreitend zu sein – und es hat meinem Bekannten bei seinen Verhandlungen sehr geholfen.

Diese Photo-Methode ist auch bei Menschen allgemein üblich, die telepathisch nach Vermißten suchen. Sie können z.T. mit dem ersten Blick auf das Photo erkennen, ob der Vermißte noch lebt oder nicht. So haben sich z.B. in Zypern einige Jugendliche den Scherz erlaubt, zu dem Seher Daskalos zu gehen und ihm ein Photo eines Freundes von ihnen, der draußen im Auto sitzen geblieben war, zu zeigen und Daskalos zu bitten, nach ihm zu suchen. Da ist Daskalos ziemlich wütend geworden und hat ihnen gesagt, daß der Gesuchte draußen im Auto sitzt und daß sie auf der Stelle verschwinden sollen.

Die erstaunlich große Sicherheit, daß man in der Telepathie erlangen kann, kann man auch an einem Erlebnis eines Bekannten mit der Seherin Buchela ermessen, deren Fähigkeiten Konrad Adenauer oft in Anspruch genommen hat. Mein Bekannter war bei Buchela, um sie wegen eines Problems um Rat zu fragen. Bei ihrer Beratung hat sie die vier Geschwistern meines Bekannten erwähnt, worauf dieser widersprochen und gesagt hat, daß er nur drei Geschwister habe.

Da ist Buchela wütend geworden und hat erwidert, daß er vier Geschwister habe, wenn sie das sage. Da fiel ihm ein, daß er noch eine Schwester hatte, die bei der Geburt gestorben ist und die nie mitgezählt wurde …

Ich habe auch einmal selber mit Buchela telefoniert und war von ihrer Klarheit und Entschiedenheit ziemlich beeindruckt.

Wenn jemand bei mir wegen einer Krankheit oder eines psychischen Problems um Rat fragt, bitte ich manchmal darum, in den Körper des Ratsuchenden wechseln zu dürfen, um mich dort einmal umzusehen.

Dazu stelle ich mir vor, mit meinem Bewußtsein aus meinem Körper hinauszugehen und in den Körper des anderen einzutreten. Meistens gehe ich dann als erstes einmal die sieben Hauptchakren von oben nach unten durch und schaue mir deren Zustand an, da mir dies schon mal zeigt, in welcher generellen Verfassung der Ratsuchende ist.

Falls jemand ein konkretes Leiden hat, schaue ich mir auch das entsprechende Organ an.

Mittlerweile habe ich herausgefunden, daß es sehr effektiv ist, dem betreffenden Organ laut eine Frage zu stellen und dann ihm meine Stimme zu überlassen, also ins automatische Sprechen überzugehen. Das macht auf eine bestimmte Weise ziemlichen Spaß, da diese Organe alle ziemlich emotional sind und auf eine Weise sprechen, auf die ich sonst nie sprechen würde. Und das, was die Organe dabei sagen, ist immer ziemlich deutlich und unmißverständlich …

Eine gut Bekannte von mir macht inzwischen fast täglich solche „automatischen Gespräche" mit ihren Organen, Chakren und mit den Planeten in ihrem Horoskop.

Diese Variante der Telepathie ist ausgesprochen nützlich und kann schnell zu etwas völlig Normalem werden.

Diese Form der Bewußtseinsübertragung kann man auch benutzen, wenn jemand in Panik geraten ist oder kurz vor einer Panikattacke steht oder nicht mehr aus einem Heulkrampf herauskommt. In diesem Fällen ist fast die gesamte Lebenskraft des Betreffenden in dessen oberen drei Chakren gestaut und die unteren drei Chakren sind weitgehend leer.

Wenn man dann die Lebenskraft wieder zum Teil nach unten lenkt, die sich hektisch drehenden oberen Chakren abbremst und die fast stillstehenden unteren Chakren wieder in Gang bringt, hören die Panik und der Weinkrampf nach einer Weile wieder auf.

Dies sind natürlich alles Dinge, die man selber ausprobieren und erleben muß, um sehen zu können, daß sie tatsächlich möglich sind und funktionieren.

In Tibet gibt es in den „Sechs Yogas des Naropa" eine Meditation, die es einem sterbenden Yogi bzw. Lama ermöglicht, sein Bewußtsein aus seinem Körper herauszulösen (Astralreise), nach dem Körper eines gerade verstorbenen jungen Menschen zu suchen, diesen Körper von seinem eigenen Astralkörper aus wiederzubeleben und dann diesen Körper zu bewohnen, also mit dem alten Bewußtsein in einem neuen Körper weiterzuleben.

Diese „Phowa" genannte sechste Yoga-Meditation des Naropa gehört nun allerdings wirklich nicht mehr in ein Buch mit dem Titel „Telepathie für Anfänger", sondern in ein Buch mit dem Titel „Telepathie für Fortgeschrittene" …

Sie ist seit einigen Jahren allgemein bekannt geworden: In der letzten Szene des Filmes „Avatar" wird das Bewußtsein des Jack Sully mithilfe eines Rituals aus seinem menschlichen Körper in seinen neuen Na'vi-Körper übertragen.

6. d)   Zeit-Telepathie

Wahrträume sind Träume, in denen man etwas träumt, was dann auch eintrifft – in der Regel am nächsten Tag. Solche Träume sind recht weit verbreitet, wie man feststellen kann, wenn man einmal angefangen hat, mit anderen Menschen über solche Dinge zu reden.

Man kann auch mit Absicht in die Zukunft schauen – wie dies ja von den Sehern und Seherinnen fast aller Völker bekannt ist.

Der Vorgang selber ist einfach: Man setzt sich hin und schaut innerlich in Richtung Zukunft. Dabei kann man innerlich einen Kalender benutzen oder auch das Bild eines Jahreskreises o.ä. Diese Bilder sind jedoch nicht unbedingt nötig – sie helfen jedoch bei der zeitlichen Orientierung in der Zukunft.

Die innere Tätigkeit bei diesem „in die Zukunft schauen" fühlt sich ganz ähnlich an wie der Versuch, sich an etwas zu erinnern, von dem man weiß, daß man es weiß, aber das man gerade vergessen hat. Man blickt bei diesem „Erinnern" lediglich „in die andere Richtung", also in die Zukunft.

Auf diese Weise habe ich z.B. gesehen, wann ich meine zukünftige Frau treffe und was wir als erstes Zusammen machen werden. Da der Termin Ende Juli war und ich an Silvester geschaut hatte, mußte ich noch eine Weile warten … Als ich drei Tage vor dem vorausgesehenen gemeinsamen Urlaub noch immer nicht wußte, wer das den sein soll, die da mitkommt, fing ich an zu zweifeln, aber am Abend vor meiner Abfahrt hat sie sich dann doch bei mir gemeldet und gesagt, daß sie mitkommen will.

Diese Möglichkeit, in die Zukunft zu schauen, wirft zwei Fragen auf – eine sehr praktische und eine theoretische.

Die praktische Frage ist, ob es in einer Situation förderlich ist, die Zukunft zu kennen. Manchmal gibt es Umstände, in denen das hilft – z.B. bei Depressionen, wenn man deren Ende oder erfreuliche Ereignisse in naher Zukunft sehen kann. Manchmal steht man auch vor der Frage, welchen Weg man einschlagen soll – auch da kann ein Blick in die Zukunft manchmal zur Klärung beitragen.

Die theoretische Frage ist, welche Beschaffenheit die Welt wohl hat, wenn es möglich ist, die Zukunft vorherzusehen. Diese Frage ist ganz ähnlich wie die, die sich aus dem Funktionieren der Astrologie ergibt, mit deren Hilfe man jetzt schon sagen kann, welchen Charakter ein Mensch haben wird, der am 1.1. 2304 in Berlin geboren wird. Auch in dieser Hinsicht steht die Zukunft schon fest und läßt sich mithilfe der Astrologie präzise und detailreich beschreiben.

Diese Frage habe ich u.ä. in meinem Buch „Reinkarnation" ausführlich untersucht. Für die in diesem Buch betrachtete Telepathie genügt es zu wissen, daß Telepathie nicht nur zu anderen Menschen reicht und auch nicht nur an ferne Orte und in die Vergangenheit, sondern ebenso in die Zukunft.

Es gibt auch Profis der „Zeit-Telepathie": die tibetischen Tulkus. Dies sind die ca. 1000 Lamas, also Mönche, die so weit fortgeschritten sind, daß sie sich zum einen an ihr voriges Leben erinnern können und zum anderen ihre nächste Inkarnation vorhersagen können.

Die Mönche des Klosters, zu dem ein verstorbener Tulku gehört hat, suchen dann zu der von dem Tulku vorhergesagten Zeit an dem von ihm genannten Ort nach einem Kind, das der Beschreibung des Tulkus entspricht. Dann werden zwei Proben durchgeführt: Zum einen werden dem Kind einige Gegenstände vorgelegt, zu denen auch ein paar Gegenstände gehören, die dem Tulku gehört haben, und zum anderen werden dem Kind grundlegende Fragen über die tibetische Religion und die verschiedenen Meditationen, die der Tulku in seinem vorigen Leben benutzt hat, gestellt.

Wenn das Kind die Gegenstände erkennt, die es in seiner vorigen Inkarnation als Tulku besessen hat, und zudem die Fragen der Mönche über die Meditationen richtig beantworten kann, wird es als nachgewiesen angesehen, daß das Kind tatsächlich der reinkarnierte Tulku ist. Er kommt dann schon als Kind wieder in das Kloster zurück und wird dort ausgebildet, d.h. sein Wissen und seine Fähigkeiten werden wieder wachgerufen.

Durch dieses System kommt es in Tibet immer einmal dazu, daß Kinder Äbte eines Klosters sind – sie sind wiedergeborene Mönche, die sich per Zeit-Telepathie an ihre vorigen Leben erinnern können und daher sozusagen sehr alte Erwachsene im Körper von Kindern sind.

6. e) Senden und Empfangen

Es gibt noch einen Aspekt bei der Telepathie, den es sich zu betrachten lohnt. Bisher ist immer die Rede von einem Sender und von einem Empfänger gewesen. Es fragt sich jedoch, ob das in dieser Weise wirklich präzise ist.

Schon deshalb, weil die Zukunft vorhersehbar und durch die Astrologie oder durch Tarotkarten beschreibbar ist, stellt sich die Frage, ob es nicht eher einen großen, die gesamte Welt umfassenden „Astralkörper-Organismus" gibt, in dem die Astralkörper der einzelnen Menschen sozusagen eine einzelne Zelle sind und der in einem „Gesamt-Rhythmus" schwingt, der alle seine Bestandteile miteinander koordiniert.

Es gibt auch die Beobachtung, daß sich ein hilfsbedürftiger Süchtiger und ein hilfsbereiter Asket gegenseitig anziehen. Dasselbe gilt für das machtlose Opfer und den machthungrigen Täter und ebenso für den Star mit dem Größenwahn und den Fan mit dem Minderwertigkeitskomplex.

Man kann natürlich sagen, daß die Tat von dem Täter ausgeht und das Opfer der Leidtragende ist, aber sie sind beide derart aufeinander angewiesen, daß man eher sagen sollte, daß sie die beiden Hälften desselben leidvollen Dramas sind.

Das ändert natürlich nichts an der Schuld des Täters bei seinen Taten – aber es zeigt, daß sich auch das Opfer ändern muß, wenn es nicht Opfer bleiben will.

Auch bei der Telepathie ist es nicht immer deutlich, wo eigentlich die Ursache liegt – habe ich ausgesendet, daß ich keine Lust auf eine Begegnung mit dem anderen hatte oder hat der andere keine Lust gehabt und ich habe das gespürt?

Es scheint zumindestens vorsichtiger zu sein, zwar von jemandem, der telepathisch „spricht", und von jemandem, der telepathisch „hört", auszugehen, aber das nicht als kausalen Zusammenhang zu betrachten.

Kausale Zusammenhänge gehören zunächst einmal zu der physikalischen Welt – die Astrologie und die Orakel wie das Tarot sind keine kausalen Zusammenhänge, sondern Analogien, also Übereinstimmungen.

Eine telepathische Verbindung braucht zu ihrer Erklärung auch nur die Berührung der beiden Menschen, die diese Verbindung haben, also sozusagen den „Kontakt ihrer Astralkörper". Die gesamte Magie beruht auf solchen Analogien, Übereinstimmungen und „sinnvollen Zufällen".

Derartige „telepathische Koppelungen" können sehr komplex sein. So haben mein Freund und ich uns jahrelang alle zwei Wochen getroffen, um Traumreisen, Familienaufstellungen u.ä. zu unternehmen. Dabei haben wir gemerkt, daß wir im Grunde in den vergangen zwei Wochen immer dasselbe erlebt haben. Das ging bis ins Detail – ich hatte das Bedürfnis gehabt, auf meinen Hausaltar eine gelbe Rose zu stellen, und als Jörg kam, mußte er lachen, weil er natürlich dasselbe gemacht hatte. Schließlich sind wir dazu übergegangen, unsere beiden Berichte über die letzten zwei Wochen wie die Erzählung einundderselben Person anzusehen – so entstand mehr Klarheit über das, was in unseren Leben vor sich ging.

Hier liegt offensichtlich eine komplexe „telepathische Koppelung" zwischen Jörg und mir vor, die sich deutlich leichter beschreiben läßt, wenn man einfach von einer Gleichzeitigkeit und einer Analogie spricht und nicht von einem verursachenden Sender und einem beeinflußten Empfänger.

Etwa ein halbes Jahr lang hat sich dieses Jörg/Harry-System auf noch fünf weitere Menschen ausgeweitet, die sozusagen „alle in demselben Fluß schwammen" und deren Erlebnisse übereingestimmt und sich gegenseitig ergänzt haben.

Das ist ein sehr angenehmes Erlebnis gewesen …

6. f)   sensible Computer

Die winzigen elektrischen Ladungen, die die Informationen in Computern speichern und die die Daten in ihnen verarbeiten, lassen die PCs sehr sensibel werden – man braucht keine große Menge an „telekinetischer Kraft", um eine paar elektronisch gespeicherte Daten oder einen elektronischen Prozeß zu verändern.

Ich kenne eine Frau, in deren Nähe fast jeder PC abstürzt – wenn sie sich jedoch 4m von dem PC entfernt, fährt er wieder hoch und arbeitet wieder normal. Sie ist bei weitem kein Einzelfall.

David und ich haben vor einigen Jahren einmal versucht, einen PC von mir, der einige Probleme hatte, telekinetisch zu reparieren. Von diesem Verfahren kann ich nur davon abraten, denn bei dieser „Heilung" ist der Prozessor meines PCS durchgebrannt – zuviel telekinetische Energie …

Selbst das Internet läßt sich anscheinend telepathisch anzapfen. Mir passiert es ziemlich oft, daß ich beim Anstellen meines PCs schon weiß, daß ich heute eine bestimmte Information, Abrechnung o.ä. in meinen E-mails finden werde.

6. g)   Zusammenfassung

Das was beim Menschen „Astralkörper" genannt wird und die Fähigkeit der Telepathie besitzt, ist nicht nur in Menschen vorhanden, sondern auch in Tieren,

Pflanzen und Mineralien (wie u.a. der Photo-Versuch und die Homöopathie zeigen). Alle Dinge haben einen Astralkörper und können telepathisch kontaktiert werden.

Diese Astralkörper können zudem auch aufeinander wirken (Telekinese, Hypnose, Homöopathie).

Schließlich scheint dieser umfassende „Astralkörper der Welt" auch noch in die Vergangenheit und in die Zukunft hineinzureichen, sodaß man auf der Ebene des Astralkörpers auch die Zukunft (vorher-)sehen kann.

Die Telepathie ist offenbar eine kleine Bewegung, eine kleine Verbindung in einem großen Ganzen. Der Anteil eines einzelnen Menschen an diesem großen Ganzen ist sein Astralkörper. Dieser Astralkörper ist das, was telepathisch etwas aussenden und empfangen kann.

Der „Welt-Astralkörper" verhält sich wie ein Organismus, in dem alle Teile miteinander durch Analogien gekoppelt sind und die miteinander schwingen. sie werden u.a. in der Astrologie und in anderen Orakeln deutlich. Telepathie könnte daher ein Analogie-Phänomen sein und keine kausale Wirkung – also eher eine beidseitige Verbindung als eine Einflußnahme.

Das würde auch erklären, warum man Telepathie nicht physikalisch-kausal, also auf materieller Ebene erklären kann …

7. Telepathie im Horoskop

Bei den vielen Horoskopen, die ich im Laufe der Zeit gedeutet habe, ist mir aufgefallen, daß bei den meisten Menschen, die eine ausgeprägte Begabung für Telepathie u.ä. haben und in deren Leben Telepathie ohne jede Übung etwas Normales ist, häufig ein Aspekt zwischen Mond und Neptun vorkommt – in der Regel eine Konjunktion, eine Trigon oder ein Sextil. Dies sind die drei harmonisch verbindenden Beziehungen zwischen zwei Planeten.

Diese Beobachtung paßt zu den bisherigen Betrachtungen zur Telepathie, denn der Mond repräsentiert im Horoskop u.a. das Unterbewußtsein, die Lebenskraft und den Astralkörper, der ja den bisherigen Überlegungen in diesem Buch zufolge der „Ort der Telepathie" zu sein scheint.

Der Neptun ist der Planet, der die Auflösungen von Grenzen, das miteinander-Schwingen und die Zusammenhänge im großen Ganzen repräsentiert.

Die drei Aspekte Konjunktion, Trigon und Sextil stellen drei Formen von Verbindungen dar, d.h. sie verbinden den Mond mit dem Neptun. Dadurch löst der Neptun die Grenzen des Mondes auf – der Astralkörper wird offen, kontaktfreudig und somit empfänglich für telepathische Eindrücke.

Wenn zu diesem Mond-Neptun-Aspekt noch der Mars hinzukommt (mit weitgehend beliebigem Aspekt), erhält diese Mond-Neptun-Kombination noch die Kraft des Mars dazu, was nach meinen bisherigen Beobachtungen das Talent zum telepathischen Senden deutlich steigert.

Das bedeutet natürlich nicht, daß man nur mit diesen Aspekten im Horoskop „Telepathie-fähig" ist, sondern nur, daß man dann eine besondere Neigung zur Telepathie hat.

Ich selbe habe keinen dieser Aspekte und habe trotzdem Telepathie erlebt – aber ich habe für die meisten Dinge entweder lange üben müssen oder nach einem Weg suchen müssen, der mir die angestrebten Dinge ermöglicht.

Auch bei den Gelegenheiten, bei denen ich mit einer größeren Anzahl Menschen den „Postkarten-Versuch" durchgeführt habe, waren alle dazu in der Lage, Teile des Bildes auf der Postkarte zu sehen. Ein passender Rahmen ermöglicht so gut wie allen Menschen die Telepathie.

Die verstärkte Telepathie-Begabung bei einem Mond-Neptun-Aspekte im Horoskop zeigt aber immerhin, daß das bisher in diesem Buch entworfene Telepathie-Modell zutreffend ist.

Da Mond und Neptun die beiden „empfindsamen" Planeten sind, könnte man vermuten, daß Telepathie vor allem bei „Senibelchen" auftritt – was auch nicht völlig falsch ist. Aber das schließt keineswegs aus, daß auch ein nüchterner Wissenschaftler oder ein begeisterter Sportler ein großes Telepathie-Talent hat – Mond und Neptun können schließlich gut in den Gesamt-Charakter integriert sein. Mein Sohn ist z.B. sowohl Forscher/Wissenschaftler als auch Sportler (Parkour-Trainer und Ninja-Warrior bei der RTL-Show).

Telepathie und Telekinese müssen also kein Hinweis auf einen überempfindlichen, realitätsfernen Charakter sein. Beide Fähigkeiten sind ausgesprochen alltagstauglich.

8. Telepathie-Modelle

Es gibt schon einige Telepathie-Modelle – die bekanntesten sind das Lebenskraft-Modell und das Informations-Modell.

Allgemein läßt sich sagen, daß der Mensch dazu neigt, das Unbekannte mit dem Bekannten zu erklären. Das ist einfach die Funktionsweise des Gehirns: Man versteht das Unbekannte, indem man es mit dem Bekannten in Beziehung setzt. „Verstehen" bedeutet letztlich einfach, daß man eine schlüssige Gesamtbeschreibung gefunden hat.

So wurde das Licht um 1700 mit dem „Äther" erklärt, der eine Hilfskonstruktion der damaligen Physik gewesen ist – dieses Konzept wurde dann um 1900 für die Telepathie wieder aufgegriffen. Dieser Äther entspricht von seiner Schilderung her weitgehend der Lebenskraft.

Derzeit ist das Informations-Modell recht beliebt, das eine Analogie zu den PCs und dem Internet ist.

Geht man noch weiter zurück in das Mittelalter, wurde Telepathie mit dem Heiligen Geist erklärt.

In den Kulturen mit einem mythologisch-magischen Weltbild sind es die Geister der Toten und die Götter, die die Telepathie und generell die Magie bewirken.

Angesichts dieser menschlichen Neigung, das Unbekannte mit dem jeweils Bekannten aus dem aktuellen Weltbild zu erklären, sollte man bei jeder Art von Erklärung vorsichtig sein. Natürlich liegt es jedem Verstehen zugrunde, daß man neue Beobachtungen mit bereits bekannten Beobachtungen verbindet – Verstehen ist im Wesentlichen ein wiedererkennen.

Es könnte jedoch angebracht sein, statt einer voreiligen Einordnung des Unbekannten in das Bekannte sich viel Zeit für Experimente, eine genaue Beobachtung und eine präzise Beschreibung zu nehmen – schon weil dieses Vorgehen letztlich zu Sachkenntnis führt und somit den größten Nutzen hat. Auf diese Weise kann man auch zu neuen und umfassenderen Modellen finden – so wie Einstein die Relativitätstheorie auch nur entwickeln konnte, weil er sich angesehen hat, was die Beobachtungen zeigen, und bereit war, einfach die Schlußfolgerungen daraus zu ziehen, auch wenn sie in völliges Neuland geführt haben.

Dieses Vorgehen kann auch schon mal bedeuten, daß man etwas beobachtet, was man noch nicht mit etwas Bekanntem verbinden kann und das daher mit einem mehr oder weniger großen „?" versehen in dem eigenen Weltbild stehen bleibt.

Ein ehrliches „?" ist aber allemale besser als ein nur behauptetes „!" oder ein gedankenlos hingenommener „." …

9.   Telepathie im Alltag

Im Alltag findet sich Telepathie an vielen Stellen: als bewußte Telepathie, wenn man etwas sucht oder jemanden innerlich ruft – dann die unauffälligere Telepathie bei der Intuition und beim Einfühlungsvermögen oder beim Angestarrtwerden – das „magische Wünschen", das sich nach kurzer Zeit erfüllt – die Einnahme eines homöopathischen Mittels – das in eine Rolle gedrängt werden durch eine dominante Person …

Die Vielfalt ist groß und bei den meisten Stellen, an denen die Telepathie auftritt, wird sie kaum bemerkt.

Wenn die bisherigen Beschreibungen in diesem Buch zutreffen, gibt es ein komplexes Netz von telepathischen Verbindungen zwischen allen Lebewesen und auch zwischen ihnen und der Erde selber. Dieses „Telepathie-Netzwerk" koordiniert alle Ereignisse so, daß sie im Einklang miteinander bleiben – wie sonst könnte die Astrologie den Charakter eines Menschen markant und detailreich beschreiben und zudem Ereignisse vorhersagen?

Die Telepathie ist somit nicht etwas, was nur besonders begabten Menschen möglich ist, sondern sie ist ein kleiner Faden in einem großen Ganzen, das alle Ereignisse miteinander koordiniert. Dieser „telepathischen Fäden" kann sich jeder bewußt werden und sie dann auch bewußt nutzen. Das erlebt man dann durchaus auch mal als „absichtliche Telepathie".

10. Erlernen der Telepathie

Es stellt sich nun am Schluß dieses Buches die Frage, wie man Telepathie erlernen kann. Für die Antwort auf diese Frage ist es von zentraler Bedeutung, daß man Telepathie nicht erst „machen" muß, sondern daß die telepathischen Verbindungen zwischen allen Wesen bereits vorhanden sind – in der Homöopathie, in der Astrologie, in der Telepathie, im Wünschen, in der Magie …

Das bedeutet, daß es nicht darum geht, mit viel Kraft und Anstrengung etwas zu erschaffen, sondern stattdessen mit Aufmerksamkeit auf das zu schauen, was bereits da ist. Beim Erlernen der Telepathie hilft Lauschen mehr als Anstrengung: Meditieren, innerlich still werden können, im Hier und Jetzt sein, Traumreisen unternehmen, mit den eigenen Organen sprechen, auf die eigene Intuition hören …

Dabei hilft es natürlich auch, wenn man ein bißchen experimentiert – alleine oder mit Freunden. Viele Versuche sind sehr einfach und haben eine große Wirkung – wie der Postkarten-Versuch und der Papierrädchen-Versuch. Wenn man erst ein paarmal Telepathie, Telekinese, Astrologie u.ä. erlebt hat und sich z.B. bei einer Krankheit selber durch Traumreisen zu dem kranken Organ helfen konnte, wird man nicht nur die Realität, sondern auch noch den großen Nutzen der Telepathie im Alltag erkennen.

Es gibt nicht die eine beste Telepathie-Übung, durch die man in drei Monaten zum „Telepathie-Meister" wird … das Erlernen der Telepathie ist stets auch ein Kennenlernen von sich selber, da die Telepathie im Unterbewußtsein (Astralkörper) stattfindet. Alles, was zur eigenen Mitte führt, fördert auch die Telepathie und die Telekinese, da es beim Erlernen dieser beiden Dinge vor allem darum geht, daß das Wachbewußtsein gezielt die Inhalte des Unterbewußtseins wahrnehmen kann.

Allerdings führt das Streben nach einem Leben aus der eigenen Mitte heraus nicht unbedingt sofort auch zu telepathischen Phänomenen – früher oder später werden sich diese Fähigkeiten jedoch einstellen, aber nicht unbedingt sofort. Im Yoga werden diese Fähigkeiten „Siddhis" genannt und eher argwöhnisch betrachtet, weil sie den Yogi von seiner Meditation ablenken könnten.

Wenn man diese Fähigkeiten eher aus der Sicht eines Magiers betrachtet, sind sie jedoch erwünscht – aber sie können nur in begrenztem Maße erlangt werden, solange man nicht sein Inneres heilt, da sonst alte Wunden und Gefühle den Kontakt zwischen Wachbewußtsein und Unterbewußtsein behindern.

Aus der Sicht eines Yogi sind solche Fähigkeiten wie Telepathie und Telekinese eigentlich eher Dinge, die die Meditation stören – aus der Sicht des Magiers sind sie das, was er erreichen will. Der Yogi beachtet daher diese Fähigkeiten nicht, währen der Magier sich auf sie konzentriert und sie durch Experimente erforscht.

Man muß nun keine dieser beiden Extremhaltungen einnehmen, sondern kann nach der eigenen Mitte streben und dabei auch ein paar Experimente machen, um die

Möglichkeiten des Menschen in dieser Welt zu ergründen. Dadurch wird man sowohl sich selber treuer werden als auch die eigenen Handlungs-Möglichkeiten erweitern. Vermutlich ist das der effektivste Ansatz, um glücklich leben zu können.